Grundwissen La France

von
Wolfgang Fischer
Guy Renaud

unter Mitwirkung
von Anne-Marie Le Plouhinec

Ernst Klett Schulbuchverlag Leipzig
Leipzig Stuttgart Düsseldorf

1. Auflage 1 6 5 4 3 2 | 2009 2008 2007 2006 2005

Alle Drucke dieser Auflage sind unverändert und können im Unterricht nebeneinander verwendet werden. Die letzten Zahlen bezeichnen jeweils die Auflage und das Jahr des Druckes.

Internetadresse: www.klett.de

Umschlaggestaltung, Layout: Oberberg, Seyde und Partner, Leipzig
Redaktion: Thomas Eilrich
Herstellung: Krystyna Müller

Reproduktion: Meyle + Müller, Medien-Management, Pforzheim
Druck: W. Wirtz, Speyer
Printed in Germany.

ISBN 3-12-532562-5

9 783125 325623

Sommaire

Ouest de Greenwich
Méridien International
Est de Greenwich
Liverpool
Manchester
Hull
GRANDE-BRETAGNE
Mer du Nord
Sheffield
Derby
Nottingham
Wolverhampton
Leicester
Coventry
Birmingham
Norwich
Great Yarmouth
Cambridge
Ipswich
Northampton
Angleterre
Londres
Oxford
Reading
Southend-on-Sea
Tamise
Swansea
Newport
Cardiff
Bristol
Canal de Bristol
Baie de Cardigan
Anglesey
Holyhead
Southampton
Bournemouth
Brighton
Portsmouth
Ile de Wight
Torbay
Plymouth
Cornouaille
Land's End
Penzance
Douvres
Ramsgate
Pas de Calais
La Manche
Cap de la Hague
Cherbourg
Iles Anglo-Normandes (brit.)
Guernsey
Jersey
St-Hélier
Golfe de St-Malo
Ouessant
Brest
Pte du Raz
Bretagne
Rennes
Nantes
St-Nazaire
Belle-Ile
Quimper
Cotentin
Normandie
Caen
Le Havre
Etretat
Rouen
Amiens
Lille
Paris
Versailles
Orléans
Le Mans
Tours
Angers
Sologne
Reims
Metz
Nancy
Strasbourg
Mulhouse
Besançon
Dijon
Troyes
Champagne
Argonne
Vosges
Ardennes
Plateau de Langres
FRANCE
BELGIQUE
Bruxelles
Anvers
Gand
Bruges
Charleroi
Namur
Liège
LUXEMBOURG
Luxembourg
PAYS-BAS
Amsterdam
La Haye (s'Gravenhage)
Rotterdam
Haarlem
Den Helder
Utrecht
Arnhem
Nimègue
Eindhoven
Tilburg
Breda
Vlissingen
Groningue
Leeuwarden
Lac d'Ijssel
Iles Frisonnes Occidentales
Wilhelmshvn.
Bremerhvn.
Brême
Hambourg
Oldenbourg
Emden
RÉPUBLIQUE FÉDÉRALE D'ALLEMAGNE
Hanovre
Brunswick
Wolfsbourg
Salzgitter
Osnabrück
Münster
Bielefeld
Göttingen
Cassel
Erfurt
Ruhr
Düsseldorf
Cologne
Aix-la-Chapelle
Bonn
Siegen
Coblence
Wiesbaden
Mayence
Francfort
Wurzbourg
Ludwigshfn.
Mannheim
Sarrebruck
Trèves
Karlsruhe
Stuttgart
Fribourg
Bâle
Zurich
Lac de Constance
Vaduz
LIECHTENSTEIN
AUTRICHE

OCÉAN
ATLANTIQUE
Golfe de Gascogne
Bordeaux
Limoges
Clermont-Ferrand
St-Étienne
Lyon
Genève
Mont-Blanc
Grenoble
Turin
Milan
ITALIE
Gênes
La Spezia
Golfe de Gênes
Mer Ligurienne
MONACO
Nice
Côte d'Azur
Toulon
Marseille
Nîmes
Montpellier
Toulouse
Perpignan
Golfe du Lion
Massif Central
Gascogne
Landes
Côte d'Argent
Arcachon
Bayonne
Biarritz
St-Sébastien
Bilbao
Santander
Burgos
Vitoria
Pampelune
Saragosse
ESPAGNE
Barcelone
Badalona
Sabadell
Costa Brava
Cap de Creus
MER MÉDITERRANÉE
Corse (Fr.)
Ajaccio
Cap Corse
Bonifacio
Bouches de Bonifacio
Sardaigne (It.)
Île de Ré
Île d'Oléron
La Rochelle
Angoulême
Cognac
Royan
Gironde
Périgueux
Brive
Grotte de Lascaux
Dordogne
Lot
Tarn
Garonne
Adour
Montauban
Carcassonne
Canal du Midi
Sète
Camargue
Avignon
Orange
Mont Ventoux
Valence
Le Puy
Cantal
Gorges du Tarn
Vichy
Roanne
Cluny
Montluçon
Allier
Niort
Poitiers
Lourdes
Tarbes
Pau
Pic du Midi d'Ossau
Andorre
Lérida
Îles d'Hyères
Alexandrie
Bergame
Simplon
Cervin
Barre des Écrins
San Remo
0 50 100 150 200 250 kilomètres
Glacier
Haute montagne
Lande océanique
Forêt de conifères et de feuillus
Forêt méditerranéenne
Maquis
Steppe
Marais
Prairie, pacage
Culture et élevage
Culture extensive
Culture intensive
Culture irriguée
Riz
Blé
Maïs
Culture fruitière
Culture maraîchère
Culture betteravière
Château
Cloître
Ruine
Grotte
Vignoble
Olives
Tabac
Ville de plus de 5 000 000 d'habitants
1 000 000 – 5 000 000 hab.
500 000 – 1 000 000 hab.
250 000 – 500 000 hab.
10 000 – 250 000 hab.
50 000 – 100 000 hab.
10 000 – 50 000 hab.
moins de 10 000 hab.
Capitale
Frontière d'État
Autre limite
Répartition de la plate-forme continentale dans la mer du Nord
Autoroute
Route principale
Chemin de fer
Col; tunnel
Bac
Aéroport international
Rivière
Canal
Barrage; lac de barrage

Vorwort

Landeskunde begleitet Schülerinnen und Schüler von der ersten Stunde des Fremdsprachenunterrichts an, jedoch über die Jahre hinweg unterschiedlich intensiv und umfassend. Das **Grundwissen La France** trägt dazu bei, im Hinblick auf die Anforderungen der Oberstufe Lücken zu schließen und Wissen zu erweitern.

Als Wiederholungs- und Nachschlagewerk informiert es über alle wesentlichen landeskundlichen Gebiete: Sieben Kapitel berichten über die Geographie Frankreichs, über seine Geschichte, Politik, die wesentlichen Strukturen der französischen Gesellschaft und Wirtschaft bis hin zur Rolle Frankreichs in der Welt, seine Beziehungen zu Deutschland und seine Stellung in Europa. Ein abschließendes Kapitel vermittelt einen Überblick über Kultur, Literatur, Medien, Religion, Philosophie und die französische Sprache. Das Buch ist sprachlich auf einem Niveau gehalten, wie es der Oberstufe entspricht; die verwendete Sprache hat Modellcharakter, so dass Schülerinnen und Schüler nicht nur die Inhalte, sondern auch die Sprache im Unterricht und in Klausuren anwenden können.

Ein ausführlicher Sachindex am Ende des Buches garantiert ein schnelles Auffinden von landeskundlich relevanten Stichwörtern; das systematische Ordnungsprinzip mit Verweisen im Text ermöglicht effektives Arbeiten an den entsprechenden Themen. Selbstverständlich ist das Buch auch ein ideales Nachschlagewerk für Studium, Erwachsenenbildung und alle Fälle, in denen Sie mehr über Frankreich wissen wollen.

Alors, partez à la découverte de la France !!!

Chapitre 1 : Géographie de la France

La situation : La France occupe sur le globe une position privilégiée : elle se trouve au milieu de la zone tempérée. Sa superficie de 551 600 km^2 en fait le deuxième pays d'Europe, après la Russie (4 500 000 km^2 pour la seule partie européenne), et loin devant l'Allemagne (357 000 km^2).

L'aspect de la France : Les Français aiment bien la forme harmonieuse de leur pays : un hexagone presque parfait dont les axes Nord-Sud et Est-Ouest ont une longueur d'environ 950 kilomètres. Cinq de ses côtés sont formés par des frontières naturelles, seule la frontière nord-est, entre la Mer du Nord et le Rhin est artificielle ; c'est d'ailleurs la route traditionnelle des invasions.

Le relief : On rencontre, en France, presque toutes les formes de relief. Les plaines, plateaux et collines s'étendent sur les deux tiers du territoire. Entre ces plaines et les hautes **montagnes** des Pyrénées (Pic de Vignemale 3298 m) et des Alpes (Mont-Blanc 4807 m), on trouve de vieilles montagnes arrondies comme le Massif Central (Puy de Sancy 1886 m) et les Vosges (Ballon de Guebwiller 1426 m).

Les fleuves : Il y a en France de très nombreuses rivières, mais la taille des fleuves reste modeste :
- **La Loire** (1020 km) atteint par endroits deux kilomètres de large. Le niveau de ses eaux est très variable selon les saisons, et elle n'est navigable qu'à partir d'Angers.
- **La Seine** (776 km) est un fleuve de plaine, au débit régulier, dont les méandres sont caractéristiques.
- **Le Rhône** (520 km en France) descend des Alpes et transporte dix fois plus d'eau que la Seine. De grands travaux ont été necessaires pour le rendre navigable.
- **La Garonne** (650 km) fournit dans sa partie supérieure beaucoup d'électricité. Ses crues sont nombreuses et redoutables.
- **Le Rhin** forme sur 190 kilomètres la frontière franco-allemande.

C'est au bord de ces fleuves que se sont développées quelques-unes des villes les plus importantes du pays : Paris, Lyon, Toulouse, Bordeaux, Strasbourg (→ Les villes p. 16). D'autre part ils constituent de grands **axes industriels** et **commerciaux** (Paris-Rouen-Le Havre; Lyon-Méditerranée; vallée du Rhin; (→ L'industrie p. 10, Le secteur secondaire p. 81).

tempéré,e gemäßigt – **la superficie** Fläche – **par endroits** stellenweise – **navigable** schiffbar – **le débit** *ici :* Schüttung, Fluss – **la crue** Hochwasser – **constituer** bilden.

Climat et végétation naturelle

La France se présente comme un résumé des différents climats européens.

- **Le climat océanique/atlantique :** En Bretagne et en Normandie, l'été est frais, l'hiver doux. Il peut y avoir jusqu'à 200 jours de pluie par an. Le paysage est vert (prés, bocages). Vers le Sud, en Aquitaine, le temps est plus chaud et plus ensoleillé.
- **Le climat continental de l'Est :** Il est marqué par de fortes différences de température entre l'hiver et l'été. Les pluies sont assez violentes. Dans l'Est, on trouve beaucoup de forêts et de prés.
- **Le climat méditerranéen :** Les hivers sont doux et les étés très chauds et secs. La pluie tombe surtout en automne et au printemps. La végétation naturelle est composée de forêts claires et de maquis.
- **Le climat de montagne :** L'hiver est long et dur, l'été court, frais et humide. La végétation varie en fonction de l'altitude.

Dans son ensemble, cependant, la plus grande partie du pays est influencée par le gulf-stream et les vents de l'Atlantique : c'est pourquoi le climat de la France est considéré comme le plus tempéré d'Europe.

L'agriculture

Les conditions naturelles font de la France la première puissance agricole de l'Union Européenne (UE). Avec une **surface agricole** utile égale à presque 55% de sa superficie, elle assure 27% de la production européenne et se place en tête pour la production de blé, de vin, de sucre et de viande de bœuf (→ L'agriculture p. 79). En ce qui concerne les exportations de produits agricoles, la France se situe au 2e rang mondial après les Etats-Unis.

- Les **céréales** (blé, maïs) sont cultivées sur l'ensemble du territoire, mais principalement dans le Bassin parisien, le Nord (où on produit également de la betterave à sucre) et le Sud-Ouest.
- La culture des **fruits** et **légumes** prédomine au bord de la Méditerranée, dans la vallée du Rhône et le Val de Loire ainsi qu'en Bretagne.
- L'**élevage** est pratiqué avant tout pour la viande dans le Centre (Charolais, Limousin) alors que les éleveurs de Normandie, Bretagne et Savoie vivent plutôt de la production laitière.

le pré Wiese, Weide – **le bocage** Heckenlandschaft – **la forêt claire** lichter Wald – **le maquis** Busch(wald) – **l'altitude** *f* Höhe – **une surface** Fläche – **les céréales** *f* Getreide – **une betterave** Rübe – **prédominer** vorherrschen – **laitier, -ière** Milch.

- Le **vignoble** français, 2e du monde par son étendue, se place même au premier rang pour la quantité produite. Il assure jusqu'à 20% de la production mondiale. Les domaines vinicoles les plus réputés sont la Bourgogne, le Bordelais, la Champagne, le Languedoc-Roussillon, les vallées du Rhône et de la Loire, et l'Alsace.
- L'**agriculture biologique :** Dans ce domaine, on constate en France un certain retard par rapport à d'autres pays européens. L'agriculture « bio » ne représente que 1,5% de la production agricole française (Allemagne : 4,5% ; Autriche : 10%).

Les richesses du sous-sol

Elles sont dans l'ensemble peu abondantes et souvent difficiles et coûteuses à exploiter, ce qui oblige la France à importer la plus grande partie de l'énergie et des matières premières dont elle a besoin.
Les **centrales nucléaires** (France : 58 unités, Allemagne : 19), installées surtout le long des grands fleuves, produisent près de 85% de l'électricité française (Allemagne 28%). Les gisements de **gaz naturel** d'Aquitaine, quant à eux, seront bientôt épuisés, et le **pétrole** (Landes, Ile-de-France) ne couvre que 4% de la demande nationale. On trouve un minerai de fer de qualité médiocre en Lorraine, de la bauxite en Provence et de la potasse en Alsace. Le sous-sol a longtemps fourni du **charbon** dans le Nord-Pas-de-Calais, en Lorraine et autour du Massif Central, mais son extraction était peu rentable et les mines ont cessé leur activité les unes après les autres. La dernière tonne de charbon a été extraite en Lorraine en avril 2004. (→ L'énergie p. 88)

L'industrie

La France est actuellement au 5e rang mondial pour la production industrielle, après les Etats-Unis, le Japon, l'Allemagne et la Grande-Bretagne. Contrairement à l'Allemagne, où les centres industriels sont répartis sur tout le territoire, la majorité des industries françaises se situe toujours à l'est de la ligne Le Havre-Marseille. On y trouve les métropoles et axes industriels tels que la région parisienne et la vallée de la Seine, la région Rhône-Alpes (Lyon-Marseille) et la vallée du Rhin.

l'étendue *f* Fläche – **un domaine vinicole** Weinbaugebiet – **les richesses** *f* **du sous-sol** Bodenschätze – **abondant,e** zahlreich – **exploiter** ausbeuten, abbauen – **une matière première** Rohstoff – **les gisements** *m* Vorräte – **épuisé,e** erschöpft – **le minerai de fer** Eisenerz – **la potasse** Kali – **l'extraction** *f* Förderung – **répartir** – verteilen.

Dans l'autre moitié du pays, l'activité industrielle a longtemps été limitée à quelques zones industrielles (Nantes, Bordeaux) et à des foyers assez isolés comme par exemple Caen, Rennes et Toulouse. Mais la situation évolue. De plus en plus, les régions côtières de l'ouest, du sud-ouest et du sud-est, qui offrent un cadre de vie agréable, voient s'installer des activités utilisant les technologies nouvelles.
La **crise économique** a surtout frappé les industries de base installées à proximité des matières premières. C'est en particulier le cas de la **sidérurgie** en Lorraine et dans le Nord.
La production de l'aluminium, concentrée dans le Midi (Provence, Pyrénées), a été moins touchée.
Une autre branche en crise est celle de l'**industrie textile traditionnelle** (Nord, Alsace-Lorraine).
Les **industries chimique** et **pharmaceutique** (4e rang mondial) sont en pleine évolution. Elles sont disséminées dans tout le pays, avec quelques grands pôles dans les zones déjà fortement industrialisées : Paris, Lyon (industrie pharmaceutique) et le Nord, mais aussi dans les ports (pétrochimie) : Marseille, Bordeaux, Nantes, Le Havre, Strasbourg.
L'**industrie automobile** est la plus décentralisée : les grandes entreprises parisiennes (**Renault, Citroën**) se sont en partie installées en province (Le Mans, Le Havre, Caen, Metz, Rennes, Valenciennes) tandis que **Peugeot** est principalement établi dans l'Est (Sochaux-Montbéliard, Mulhouse).
L'**industrie agroalimentaire** occupe dans ce pays agricole une place de plus en plus importante. Elle s'est implantée dans les zones portuaires et dans la périphérie des grandes villes, où il y a une forte concentration de consommateurs.
En ce qui concerne l'**industrie de pointe** et la **haute technologie**, on constate encore une fois la domination du bassin parisien et de la région Rhône-Alpes, quoique le sud et l'ouest de la France attirent de plus en plus de firmes. C'est dans les quatre régions du Midi que l'on a pu observer la plus forte régression des industries traditionnelles, tandis que le domaine de la haute technologie, qui emploie des spécialistes très qualifiés, connaît un essor considérable dû à l'attrait de villes comme Nice, Montpellier, Toulouse (aéronautique), Bordeaux.
Les **technopoles** sont des sites réunissant les activités de formation (universités), de recherche (laboratoires) et de production (entreprises). Leur rôle est de faciliter les échanges entre la recherche et l'industrie. On en compte actuellement 24, auxquelles viennent s'ajouter de nombreux projets, répartis sur tout le territoire.
En France, pays assez centralisé, la plupart des grandes entreprises ont encore leur siège social dans la région parisienne.

un foyer *ici :* Zentrum – **côtier, -ière** – Küsten- – **le cadre de vie** – Lebensbedingungen – **la sidérurgie** Eisen- und Stahlindustrie – **disséminé,e** verstreut – **être établi,e** ansässig sein – **une zone portuaire** Hafenzone – **une industrie de pointe** Spitzenindustrie – **une régression** Rückgang – **un essor** Aufschwung – **un site** (Stand-)Ort – **la recherche** Forschung – **un échange** Austausch – **le siège social** Firmensitz.

Mais à l'heure de la **mondialisation**, on assiste parallèlement à une certaine **décentralisation** vers la province et à une **délocalisation** des lieux de fabrication vers des pays où la main-d'œuvre bon marché permet d'abaisser les coûts de production.

Les régions de France (⟶ Carte p. 13/14)

Avant la **Révolution** (⟶ p. 33), la France était divisée en 34 **provinces** dont chacune formait une unité avec son histoire, sa culture, ses coutumes et son parler. Elles ont longtemps contrebalancé le pouvoir centralisateur des rois. En 1790, dans un souci d'égalité, la Révolution abolit les provinces et leurs différents privilèges et les remplace par les **départements**, renforçant du même coup le pouvoir central.
Cependant ce système se montre de plus en plus inadapté aux exigences du monde moderne : l'administration centralisée est trop lente, trop éloignée des Français et inefficace face aux problèmes régionaux. C'est pourquoi, a partir des années 1960, plusieurs tentatives de **régionalisation** (⟶ La région p. 58) se succèdent : après l'échec du **référendum** (⟶ p. 55) de 1969, ce n'est qu'en 1972 que la loi sur la réforme régionale établit les bases du retour à une politique régionaliste qui aboutit en 1982 à la **loi de décentralisation**. Cette « révolution tranquille » a pour but de partager les pouvoirs entre Paris et les régions, les départements et les communes. Par cette loi, les régions acquièrent une certaine autonomie et disposent d'un budget propre.
La France compte aujourd'hui 22 régions. La plus grande d'entre elles est la région Midi-Pyrénées, la plus petite l'Alsace. La Corse est la moins peuplée tandis que l'Ile-de-France a la population la plus nombreuse.

Les départements (⟶ Carte p. 13/14)

En 1790, la France est divisée en 83 départements (⟶ Conséquences de la Révolution p. 37). Pour faire oublier les provinces et leurs particularités, on donne aux départements des noms géographiques, par exemple ceux de montagnes et surtout de rivières. Les départements sont subdivisés en **arrondissements, cantons** et **communes**. Le but de cette organisation (encore perfectionnée par Napoléon Ier, (⟶ La politique intérieure p. 38) est de rendre effective la présence du **pouvoir central** dans tous les points du pays ; le **préfet** est nommé par l'exécutif.
Depuis sa création, cette structure n'a été modifiée de façon sensible par aucun des systèmes politiques : seul le nombre des départements a changé. En 1964, la

la mondialisation Globalisierung – **la délocalisation** Auslagerung – **la main-d'œuvre** – Arbeitskräfte – **contrebalancer** Gegengewicht bilden – **abolir** abschaffen – **renforcer** verstärken – **une exigence** Anforderung – **(in)efficace** (un)wirksam – **succéder à qn/qc** (aufeinander)folgen – **un échec** Misserfolg – **aboutir à qc** führen zu – **acquérir** erlangen – **une particularité** Eigenart, Besonderheit – **subdiviser qc en** unterteilen.

région parisienne passe de 3 à 8 départements, et en 1975, la Corse est redécoupée en 2. Le plus grand est la Gironde, le plus peuplé le Nord.
Les départements sont numérotés par ordre alphabétique ; ces numéros se retrouvent sur les plaques minéralogiques et dans le code postal (⟶ Région, département et commune p. 58).

Les DOM-TOM (⟶ Carte p. 109)

De ses possessions coloniales (⟶ La décolonisation p. 48), la France a gardé quelques terres aux quatre coins du monde. Si l'on excepte les Terres australes et antarctiques (440 000 km² pour seulement 200 habitants), ces « petites Frances » couvrent 120 000 km² et sont peuplées de 2,2 millions d'habitants qui sont citoyens français.
Les **DOM** (départements d'outre-mer) sont au nombre de quatre : la Martinique, la Guadeloupe, la Guyane française et la Réunion. Ils ont le même statut que les départements de la métropole et font aussi partie de l'Union européenne (UE).
Les quatre **TOM** (territoires d'outre-mer : la Nouvelle-Calédonie, Wallis et Futuna, la Polynésie française, les Terres australes et antarctiques françaises) et les deux **Collectivités territoriales** (Saint-Pierre-et-Miquelon, Mayotte) bénéficient de statuts particuliers.
Les TOM jouissent d'une assez grande autonomie (Assemblée territoriale, gouvernement local). Un Haut-Commissaire ou Administrateur Supérieur y représente la République.
En 2004, la Polynésie française a changé de statut. Elle n'est plus un TOM, mais un pays d'outre-mer au sein de la République avec un président et un parlement élus localement.
L'organisation des Collectivités territoriales est assez semblable à celle d'un département (députés, sénateurs, conseil général, préfet), cependant les mesures administratives sont adaptées aux données locales.

La population

Avec 60 millions d'habitants (parmi lesquels 6,4% d'étrangers), la France métropolitaine vient au 20ᵉ rang mondial (Allemagne : 82,5 millions ; dont 8,7% d'étrangers). Pour un voyageur allemand qui découvre le pays, la première impression est celle de grands espaces peu peuplés. En effet, la différence entre les densités de population de ces deux nations est frappante : 107 habitants/km² pour la France et 230 habitants/km² pour l'Allemagne. Si 40% des Français se concentrent dans quelques grandes zones urbaines et industrielles, en revanche 80% du territoire comptent moins de 30 habitants/km².

une plaque minéralogique Autokennzeichen – **un code postal** Postleitzahl – **la métropole** *ici :* Mutterland – **bénéficier de qc** profitieren – **jouir de qc** genießen – **une donnée** Gegebenheit – **en revanche** dagegen.

01 l'Ain
02 l'Aisne
03 l'Allier
04 les Alpes-de-Haute-Provence
05 les Hautes-Alpes
06 les Alpes-Maritimes
07 l'Ardèche
08 les Ardennes
09 l'Ariège
10 l'Aube
11 l'Aude
12 l'Aveyron
13 les Bouches du-Rhône
14 le Calvados
15 le Cantal
16 la Charente
17 la Charente-Maritime
18 le Cher
19 la Corrèze
2 A la Corse-du-Sud
2 B la Haute-Corse
21 la Côte-d'Or
22 les Côtes d'Armor
23 la Creuse
24 la Dordogne
25 le Doubs
26 la Drôme
27 l'Eure
28 l'Eure-et-Loir
29 le Finistère
30 le Gard
31 la Haute-Garonne
32 le Gers
33 la Gironde
34 l'Hérault
35 l'Ille-et-Vilaine
36 l'Indre
37 l'Indre-et-Loire
38 l'Isère
39 le Jura
40 les Landes
41 le Loir-et-Cher
42 la Loire
43 la Haute-Loire
44 la Loire-Atlantique
45 le Loiret
46 le Lot
47 le Lot-et-Garonne
48 la Lozère
49 le Maine-et-Loire
50 la Manche
51 la Marne
52 la Haute-Marne
53 la Mayenne
54 la Meurthe-et Moselle
55 la Meuse
56 le Morbihan
57 la Moselle
58 la Nièvre
59 le Nord
60 l'Oise
61 l'Orne
62 le Pas-de-Calais
63 le Puy-de-Dôme
64 les Pyrénées-Atlantiques
65 les Hautes-Pyrénées
66 les Pyrénées-Orientales
67 le Bas-Rhin
68 le Haut-Rhin
69 le Rhône
70 la Haute-Saône
71 la Saône-et-Loire
72 la Sarthe
73 la Savoie
74 la Haute-Savoie
75 Paris/la Seine
76 la Seine-Maritime
77 la Seine-et-Marne
78 les Yvelines
79 les Deux-Sèvres
80 la Somme
81 le Tarn
82 le Tarn-et-Garonne
83 le Var
84 le Vaucluse
85 la Vendée
86 la Vienne
87 la Haute-Vienne
88 les Vosges
89 l'Yonne
90 le Territoire-de-Belfort
91 l'Essonne
92 les Hauts-de-Seine
93 la Seine-Saint-Denis
94 le Val-de-Marne
95 le Val-d'Oise

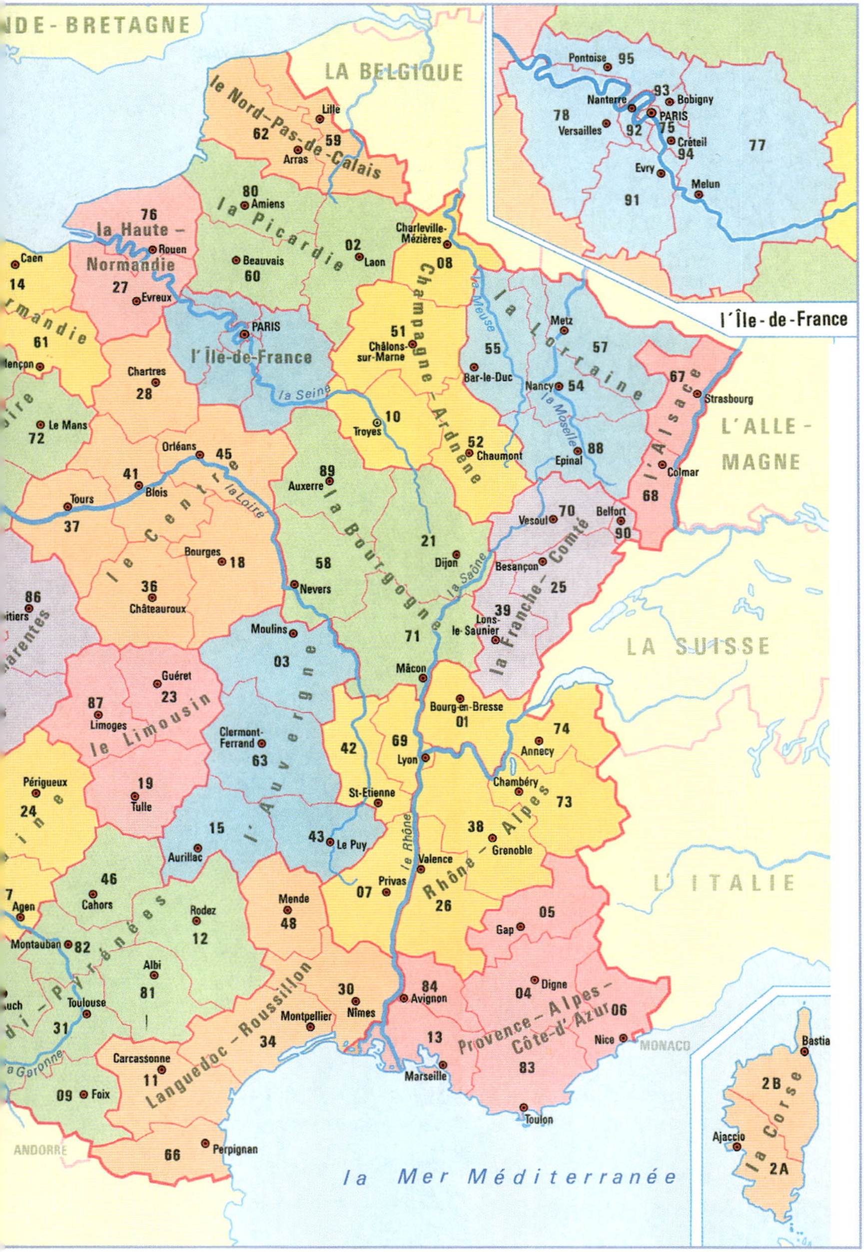

NDE-BRETAGNE
LA BELGIQUE
le Nord-Pas-de-Calais
Lille
62
59
Arras
80
Amiens
la Picardie
76
la Haute-Normandie
Rouen
02
Laon
Charleville-Mézières
08
Caen
14
Beauvais
60
27
Evreux
rmandie
61
lençon
PARIS
l'Île-de-France
la Seine
51
Châlons-sur-Marne
Champagne-Ardenne
Chartres
28
Le Mans
72
10
Troyes
52
Chaumont
la Meuse
la Lorraine
Metz
55
57
Bar-le-Duc
Nancy
54
la Moselle
Epinal
88
67
Strasbourg
l'Alsace
Colmar
68
L'ALLEMAGNE
Orléans
45
41
Blois
Tours
37
la Loire
le Centre
89
Auxerre
la Bourgogne
21
Dijon
la Saône
Vesoul
70
Belfort
90
Besançon
25
la Franche-Comté
Bourges
18
58
Nevers
36
Châteauroux
86
itiers
arentes
39
Lons-le-Saunier
71
Mâcon
LA SUISSE
Moulins
03
Guéret
23
87
Limoges
le Limousin
Clermont-Ferrand
63
l'Auvergne
42
69
Lyon
Bourg-en-Bresse
01
74
Annecy
Chambéry
73
Périgueux
24
19
Tulle
St-Etienne
43
Le Puy
15
Aurillac
38
Grenoble
Rhône-Alpes
le Rhône
Valence
Privas
07
26
L'ITALIE
46
Cahors
Agen
Rodez
12
Mende
48
05
Gap
Montauban
82
Albi
81
Toulouse
31
di-Pyrénées
la Garonne
30
Nîmes
Montpellier
34
Languedoc-Roussillon
84
Avignon
04
Digne
Provence-Alpes-Côte-d'Azur
06
Nice
MONACO
13
Marseille
83
Toulon
Carcassonne
11
09
Foix
ANDORRE
66
Perpignan
la Mer Méditerranée
Bastia
2B
la Corse
Ajaccio
2A
Pontoise
95
Nanterre
93
Bobigny
78
Versailles
92
75
Créteil
94
77
Evry
Melun
91
l'Île-de-France

Les régions les plus peuplées sont : l'Ile-de-France (Paris 20 000 habitants/km²), les centres industriels (→ L'industrie p. 10), les côtes de Bretagne et de Provence, les vallées des grands fleuves et les pays d'agriculture spécialisée (→ L'agriculture p. 9). Les zones les moins peuplées sont les montagnes et les régions au sol pauvre.

L'évolution de la population : Les populations de France et d'Allemagne n'ont pas évolué de façon parallèle, comme le montre le tableau ci-dessous (nombre d'habitants en millions):

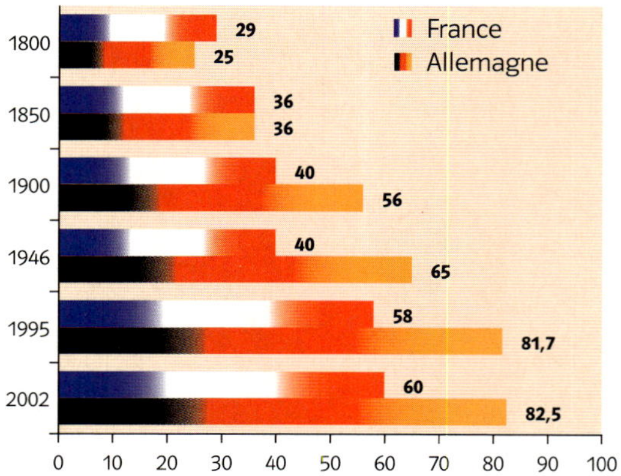

Après un demi-siècle de stagnation, la France a connu de 1946 à 1964 une période d'essor démographique due à la fois au « baby boom », à une immigration importante (→ Les étrangers en France p. 72) et à l'arrivée des rapatriés d'Algérie (→ L'Algérie p. 46). Entre 1965 et 1976 la crise économique, à laquelle vient s'ajouter une conception nouvelle de la vie familiale (deux enfants, activité professionnelle de la femme), explique une baisse de la **natalité**. Entre 1980 et 1994, le nombre de naissances a diminué de 9% avant de se stabiliser. En 2003, la France avait un taux de natalité de 12,7% (Allemagne : 8,6%).
Le lent **vieillissement de la population** est un autre phénomène significatif. En 1900, 34% des Français avaient moins de 20 ans, et seulement 8% étaient âgés de plus de 65 ans. Aujourd'hui ces chiffres s'élèvent respectivement à 25% et 16,5%.

Les villes

La France compte 36 500 **communes**, soit beaucoup plus que les autres états de l'Union européenne (UE). C'est plutôt un pays de moyennes et petites villes, même

un essor Aufschwung – **les rapatriés** *m* **d'Algérie** Algerienflüchtlinge – **une baisse** Rückgang – **la natalité** Geburtenrate.

si presque 15% de sa population habitent l'agglomération parisienne. Il y a environ 30 000 communes de moins de 2000 habitants dont 22 000 ont une population inférieure à 500 personnes. Elles se situent surtout dans les zones montagneuses et le centre du pays. Autour de 1860, plus de la moitié de la population était encore rurale, aujourd'hui les communes urbaines (plus de 2000 habitants) regroupent 75% de la population (45 millions d'habitants).
En 1860, il y avait en France 4 villes de plus de 100 000 habitants ; leur nombre est actuellement supérieur à 50. Les six plus grandes **agglomérations** sont : Paris 9 500 000 h., Lyon 1 350 000 h., Marseille 1 350 000 h., Lille 1 000 000 h., Toulouse 741 000 h, Bordeaux 735 000 h.
Les petites villes sont réparties sur tout le territoire. Par contre les zones fortement urbanisées, où vivent 75% des citadins, se trouvent concentrées dans les régions parisienne et lyonnaise, dans celles du Nord et de l'Est, ainsi que sur les côtes.
L'urbanisation et ses causes : A partir de 1840, on constate un « **exode rural** » vers les grandes cités, Paris en tête. Cet exode se poursuit jusqu'à la fin des années 1960 (en 1975, Paris compte 324 000 « émigrés bretons »). L'attrait des grandes agglomérations peut s'expliquer par l'industrialisation du pays, la baisse du secteur primaire, le dynamisme économique des villes qui se modernisent, offrant ainsi plus de services, de loisirs, de confort. Les jeunes agriculteurs quittent massivement leurs terres, se font embaucher dans l'industrie et viennent peupler les banlieues ouvrières.
Depuis 1975, on assiste à un renversement de cette tendance : les petites villes de moins de 10 000 habitants et les villages proches des métropoles voient leur population augmenter rapidement aux dépens des grandes cités.
Ce choix de vie s'explique facilement : les rurbains profitent de la proximité d'une grande ville (emplois, distractions, commerces) sans renoncer aux avantages de la vie à la campagne (vie moins chère, plus d'espace, moins de bruit et de pollution).
Pour arriver à un nouvel équilibre entre la ville de Paris et le reste de la France, les gouvernements successifs ont pris des mesures dans le but de « décoloniser la province » :

- création de cinq **villes nouvelles** dans la région parisienne (par exemple Evry, Cergy-Pontoise);
- politique des « **métropoles régionales d'équilibre** » (développement de zones urbaines suffisamment éloignées de Paris comme Lille, Strasbourg, Rennes, Nantes, Nice etc.) qui, par l'implantation d'industries nouvelles (→ L'industrie p. 10, Les régions de France p. 12) et de nombreux services du secteur tertiaire, donne aux régions une dimension nationale et européenne;
- **décentralisation** politique depuis 1982 (→ Les régions de France p. 12), La région p. 58).

rural,e ländlich – **un citadin** Stadtbewohner – **l'urbanisation** *f* Verstädterung – **l'exode rural** *m* Landflucht – **le renversement** Umkehrung – **aux dépens de qc/qn** auf Kosten von – **un rurbain** Großstadtbewohner, der ins Umland gezogen ist.

Les transports

Il suffit de jeter un regard sur les cartes pour constater que les réseaux de communication forment une toile d'araignée dont Paris est le centre. Les routes, les chemins de fer et les lignes aériennes relient directement les différentes régions à la capitale. L'axe nord-sud, Paris-Marseille, est de loin le plus important.

- **Les routes** : Le réseau routier est l'un des plus denses du monde : environ 900 000 km de routes ; cependant, elles ne sont pas toujours adaptées aux besoins du trafic moderne. Le pays s'est engagé relativement tard dans la construction intensive d'autoroutes. Il y en a aujourd'hui 9500 km, dont 7300 à péage, c'est-à-dire assez peu, si l'on considère l'étendue du territoire national. En comparaison : le réseau routier allemand compte 660 000 km de routes, dont 11 500 km d'autoroutes.
- **Les chemins de fer** : Le réseau actuel est plus réduit que par le passé, mais il a gagné en efficacité. Les 31 000 kilomètres (Allemagne : 38 000 kilomètres) sont pratiquement parallèles au réseau routier. Pour se rendre d'une région à l'autre, le plus simple est souvent de passer par Paris, surtout depuis qu'on a renoncé à certaines liaisons transversales pour des raisons économiques.

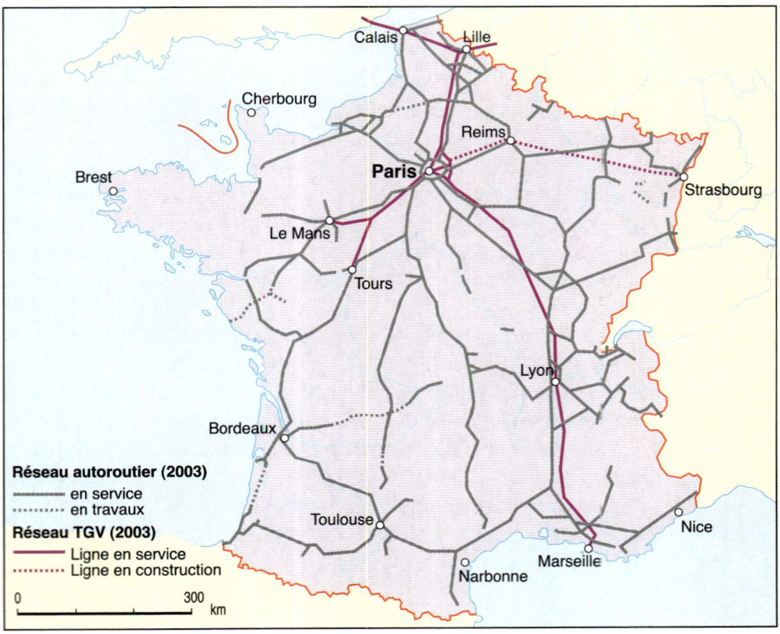

une toile d'araignée Spinnennetz – **s'engager** *ici :* in Angriff nehmen – **à péage** mautpflichtig – **l'étendue** *f* Ausdehnung – **transversal,e** quer-.

Le tunnel sous la Manche

En 1981, pour faire face à la concurrence de l'avion, la SNCF a mis en service le **TGV** (train à grande vitesse). Aujourd'hui, celui-ci transporte 84 millions de voyageurs par an sur un réseau couvrant 6700 km. Lyon est à présent à 1h55 de Paris, Marseille à 3 heures. Le « TGV Atlantique » relie Paris à Bordeaux en 3 heures (au lieu de 7h30). Depuis 1994, « l'Eurostar », via le tunnel sous la Manche, assure la liaison entre Londres et Paris (3 heures) où se fait la jonction avec le « TGV sud-Est ». Le TGV « Thalys » relie Paris à Bruxelles en 1h25, et une extension du réseau est prévue vers l'Est : En 2007, Strasbourg sera à 2h20 de la capitale. Le TGV utilise en partie des lignes construites spécialement (Paris-Lyon, Paris-Le Mans / Tours), mais il emprunte aussi le réseau traditionnel.

- **Les transports aériens** : La communication aérienne intérieure est assurée par **Air France** et quelques petites compagnies régionales qui desservent une cinquantaine de villes. Là aussi, le trafic est axé principalement sur Paris, mais depuis peu il existe des liaisons directes entre certaines métropoles régionales.
- **Les voies fluviales** : Comparée à l'Allemagne, la France souffre dans ce domaine d'un retard considérable. Si le transport fluvial a une certaine importance au nord d'une ligne Le Havre-Dijon, son rôle est minime dans le reste de la France, excepté sur l'ensemble Saône-Rhône où il dessert la Méditerranée.

une jonction Verbindung – **l'extension** *f* Erweiterung – **emprunter qc** *ici :* benutzen – **desservir** *ici :* regelmäßig anfliegen – **excepté,e** außer.

Paris

A partir du XIIIe siècle, les rois de France, qui résident à Paris, voient leur autorité s'affirmer sur presque tout le pays (→ Le Moyen Age p. 30). Paris devient alors le centre de la vie politique, économique, intellectuelle et culturelle de la France. Ce phénomène n'a d'équivalent dans aucun autre pays d'Europe.

Données géographiques

La ville de Paris, qui couvre 105 km^2, s'étend sur 9 km du nord au sud et sur 12 km d'est en ouest. Elle est située à la croisée de chemins historiques qui relient le sud-ouest de l'Europe à l'Europe du Nord et de l'Est. Ses 20 arrondissements forment une spirale dont le centre est constitué par l'**Ile de la Cité**.
La capitale est coupée en deux par la Seine. Traditionnellement, la rive droite est le centre des affaires et du commerce (Bourse, grandes banques, sièges sociaux de sociétés importantes, grands magasins) et le foyer de l'activité culturelle (Louvre, opéras, Comédie française, théâtres, musées).
La rive gauche, qui abrite la plupart des ministères, est depuis toujours le cœur intellectuel de la cité (Quartier Latin avec la Sorbonne, Grandes écoles, Académie Française, éditions et librairies).
Les quartiers élégants et résidentiels se trouvent dans l'ouest de la capitale (8e, 16e, 17e arrondissements) et les quartiers populaires, moins riches (19e, 20e arrondissements), plutôt dans l'est.
Le **boulevard périphérique** marque les limites administratives de la ville et du département (75) de Paris. Au-delà s'étendent la **Petite Couronne** (92, 93, 94) et la **Grande Couronne** (77, 78, 91, 95) qui constituent depuis 1976, avec Paris, la région **Ile-de-France**.

La population (→ p. 15)

Le nombre maximum d'habitants a été atteint en 1921, alors qu'au cours de la 2e moitié du XXe siècle, l'effectif de la ville de Paris n'a cessé de diminuer au profit de la Petite Couronne et surtout de la Grande Couronne (avec les cinq villes nouvelles de Cergy-Pontoise, Marne-la-Vallée, Melun-Sénart, Evry et Saint-Quentin-en-Yvelines).

s'affirmer sich durchsetzen – **une croisée de chemins** Wegkreuzung – **relier qc à qc** verbinden – **le siège social** Firmensitz – **un foyer** *ici :* Zentrum – **abriter** beherbergen – **au-delà (de qc)** jenseits – **l'effectif** *m* Gesamteinwohnerzahl – **cesser** aufhören – **au profit de qn/qc** zu Gunsten von.

La région **Ile-de-France** (2,2% de la superficie nationale) compte actuellement 11 millions d'habitants, soit 18,5% de la population française.

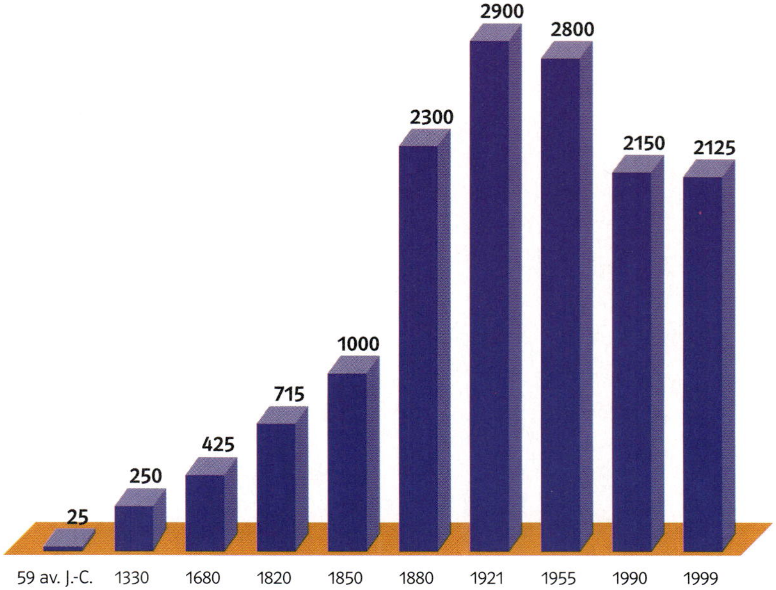

Évolution de la population de la ville de Paris (en milliers d'habitants)

La population y est plus âgée (un habitant sur six a plus de 65 ans) et plus bourgeoise que dans le reste de la région Ile-de-France. La proportion de personnes seules y est plus élevée. Les étrangers, qui représentent 17% des Parisiens, se regroupent souvent par quartiers (par exemple les Chinois dans le 13e arrondissement, les Africains dans le quartier Barbès).
Les profils sociaux les plus répandus en Ile-de-France sont ceux de cadre, employé et fonctionnaire. Le niveau d'instruction y est le plus élevé du pays.

soit *ici :* bzw. – **un cadre** leitender Angestellter – **un fonctionnaire** Beamter – **l'instruction** *f ici :* Bildung.

PARIS
0
500 m
1 km
COURBEVOIE
CLICHY
PORTE DE SAINT-OUEN
PORTE DE CLICHY
PORTE D'ASNIÈRES
LA SEINE
Grande Arche
LA DEFENSE
Boulevard Circulaire
PUTEAUX
Pont de Neuilly
LEVALLOIS-PERRET
NEUILLY-SUR-SEINE
PORTE DE CHAMPERRET
PORTE MAILLOT
Avenue Charles De Gaulle
Boulevard Bessières
Avenue de Clichy
17e
Boulevard Berthier
Place de Wagram
Bd. Gouvion St-Cyr
Place du Maréchal Juin
Avenue de Wagram
Place du Général Catroux
Boulevard des Batignolles
Bd. Villiers
Boulevard Pereire
Boulevard de Courcelles
Parc de Monceau
Boulevard Malesherbes
Gare Saint-Lazare
Place de la Porte Maillot
Arc de Triomphe
Av. de la Grande Armée
Rue du Faubourg Saint-Honoré
Place Charles De Gaulle
8e
PORTE DAUPHINE
Bd. de l'Amiral Bruix
Avenue Foch
Av. des Champs Elysées
Place de la Madeleine
Avenue Victor Hugo
Avenue Kléber
Avenue d'Iéna
Palais de l'Elysée
Bd. Lannes
PORTE DE LA MUETTE
Place du Trocadéro
Place de la Concorde
Cours Albert 1er
Bois de Boulogne
Palais de Chaillot
Assemblée Nationale
York
Av. de New
Tour Eiffel
PORTE DE PASSY
16e
Musée d'Orsay
Suchet
Av. du Président Kennedy
Av. G. Eiffel
Hôtel des Invalides
Hippodrome d'Auteuil
Champs-de-Mars
Maison de Radio France
Quai de Grenelle
Boulevard de Grenelle
7e
Bd. des Invalides
PORTE D'AUTEUIL
Boulevard
Parc des Princes
Avenue Emile Zola
Boulevard Garibaldi
Rue de Sèvres
Boulevard Murat
Boulevard Exelmans
Quai Louis Blériot
Quai André Citroën
LA SEINE
Rue de la Convention
15e
Rue Lecourbe
Bd. Pasteur
Place de la Porte Saint-Cloud
Gare Montparnasse
PORTE DE SAINT-CLOUD
Bd. du Général Martial Valin
Rue de Vouillé
Boulevard Victor
QUAI D'ISSY
PORTE DE SEVRES
BOULOGNE-BILLANCOURT
Rue d'Alésia
Boulevard Lefebvre
14e
PORTE DE LA PLAINE
PORTE DE BRANCION
Boulevard Brune
PORTE DE VANVES
PORTE DE CHATILLON
ISSY-LES-MOULINEAUX
MALAKOFF
MONTROUGE

SAINT-DENIS
Cimetière Parisien de Pantin
PORTE DE CLIGNANCOURT
PORTE DE LA CHAPELLE
PORTE D'AUBERVILLIERS
PORTE DE LA VILLETTE
Boulevard Macdonald
Boulevard Ney
PORTE DE PANTIN
PANTIN
18e
Parc de la Villette
Géode
Avenue de Flandre
BASSIN DE LA VILLETTE
PORTE DE PANTIN
LE PRE SAINT-GERVAIS
Place du Tertre
Sacré-Cœur
Avenue Jean Jaurès
Bd. d'Indochine
Boulevard de la Chapelle
Place de Stalingrad
19e
PORTE DU PRES SAINT-GERVAIS
LES LILAS
de Clichy
Bd. de Rochechouart
10e
Bd. d'Algérie
Parc des Buttes de Chaumont
Gare du Nord
CANAL SAINT-MARTIN
Bd. de la Villette
Place du Colonel Fabien
Bd. Sérurier
PORTE DES LILAS
9e
Rue La Fayette
Gare de l'Est
Av. Cl. Vellefaux
Opéra
Quai de Jemmapes
Bd. de Strasbourg
Boulevard Mortier
PORTE DE BAGNOLET
Bd. de Bonne Nouvelle
Bd. Saint-Martin
Boulevard de Belleville
Av. de l'Opéra
Bourse
Place de la République
Avenue Parmentier
Palais-Royal
2e
Avenue de la République
Forum des Halles
Bd. de Sébastopol
Rue Saint-Martin
Centre Pompidou
Bd. du Temple
Boulevard Voltaire
Cimetière du Père Lachaise
3e
Boulevard Beaumarchais
11e
Bd. Ménilmontant
Rue du Renard
Bd. Richard Lenoir
20e
Musée du Louvre Pyramide
Boulevard
Quai Malaquais
Rue de la Roquette
Hôtel de Ville
Rue de Charonne
PORTE DE MONTREUIL
Notre Dame
Quai de l'Hôtel de Ville
Place de la Bastille
Rue Trousseau
Avenue Ph. Auguste
Boulevard Davout
MONTREUIL
6e
Bd. Henri IV
4e
R. du Faubourg Saint-Antoine
PORTE DE VINCENNES
Saint Germain
Institut du monde arabe
Bd. Bourdon
Bd. de la Bastille
Opéra Bastille
Place de la Nation
Cours de Vincennes
Quai Henri IV
Gare de Lyon
Boulevard Diderot
PORTE DE SAINT-MANDE
Boulevard Saint-Michel
Rue Gay-Lussac
Panthéon
Musée du Jardin des Plantes
Quai de la Rapée
Avenue Daumesnil
12e
Quai d'Austerlitz
Rue de Bercy
Rue Saint-Jacques
5e
SAINT-MANDE
LA SEINE
Rue Cl. Bernard
Gare d'Austerlitz
Bd. de Reuilly
PORTE D'OREE
Boulevard Soult
Av. des Gobelins
Boulevard de l'Hôpital
Palais de Bercy
PORTE DE CHARENTON
Quai de Bercy
Bois de Vincennes
Bd. Vincent Auriol
Boulevard Poniatowski
Bd. Saint-Jacques
Bd. Aug. Blanqui
Place d'Italie
Bibliothèque Nationale de France François Mitterand
Quai Panhard et Levassor
PORTE DE BERCY
Théâtre du Soleil
Avenue d'Italie
Rue de Tolbiac
Rue d'Alésia
R. Coty
Rue de Tolbiac
Boulevard Masséna
CHARENTON
Parc de Montsouris
13e
PORTE D'IVRY
Boulevard Kellermann
IVRY-SUR-SEINE
Boulevard Jourdan
PORTE DE GENTILLY
PORTE D'ITALIE

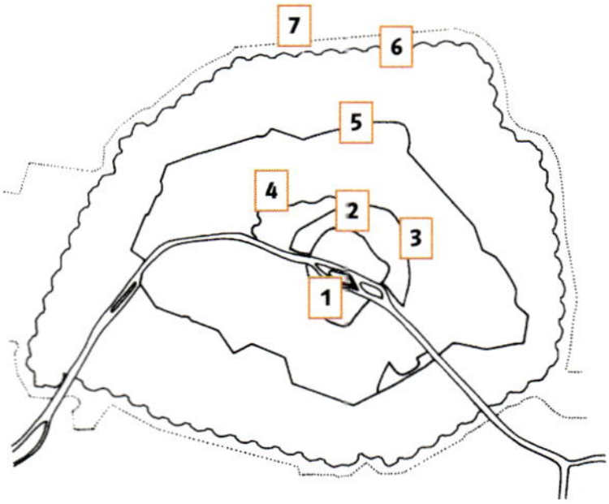

Histoire

Les développements successifs de Paris apparaissent sur le plan comme les différentes étapes de la vie d'un arbre.

300 av. J.-C. : les **Parisii** (Gaulois) s'installent sur l'île de la Cité (1).
52 av. J.-C. : les Romains occupent le village gaulois et l'appellent Lutetia (**Lutèce**).
360 : Lutèce devient Paris.
508 : **Clovis** fait de Paris sa capitale.
Au XIIIe siècle, sous le roi **Philippe Auguste**, la ville est entourée de remparts (2).
1257 : fondation de la première université (**Sorbonne**).
Du XIVe au XVIIe siècle, la ville se développe vers le nord (murs construits sous Charles V (3) et sous Louis XIII (4)).
1680 : **Louis XIV** quitte Paris pour Versailles.
Une nouvelle enceinte (5) entoure le Paris de la Révolution.
La croissance rapide de la population fait exploser la capitale (mur de 1845 (6)).
1852-70 : naissance du Paris moderne (→ Haussmann et le Paris du XIXe siècle p. 25).
1870 : les Allemands assiègent Paris, le gouvernement se réfugie à Bordeaux (→ La guerre franco-allemande p. 41).
1878, 1889 et 1900 : expositions universelles.
1900 : la première ligne de métro est mise en service.
1900 et 1924 : Jeux Olympiques.
De 1940 à 1944, Vichy est choisi comme siège du gouvernement **Pétain** (→ La France occupée p. 44).
1964 : le département de la Seine est découpé en quatre départements, dont la ville de Paris (75).
1975 : Paris devient collectivité territoriale : la ville est à la fois commune et département (7).
1977 : **Jacques Chirac** est élu premier maire de Paris (depuis la Commune de 1871, la ville était sous la « tutelle » de l'Etat).
1995 : Jean Tibéri succède à Jacques Chirac, élu président de la République.
En 2001, **Bertrand Delanoë** devient le premier maire socialiste de Paris.

Clovis Chlodwig – **un rempart** Schutzmauer – **une enceinte** Stadtmauer – **la croissance** Wachstum – **assiéger** belagern – **se réfugier** Zuflucht finden – **la tutelle** Vormundschaft.

Architecture

L'histoire de Paris ne se limite pas à une succession de faits et de dates, elle trouve aussi une illustration concrète dans les monuments qui sont les témoins des différentes époques.

Paris au Moyen Age

L'art français proprement dit commence avec les réalisations de l'époque gothique. Celle-ci est bien représentée par Notre-Dame de Paris, la Sainte-Chapelle, située dans le Palais de Justice, et la Tour Saint-Jacques (→ Carte p. 22/23).

De la Renaissance à l'Empire

Du XVIe siècle il reste principalement le nouveau palais du Louvre. Le XVIIe siècle est une période faste pour l'architecture. Sous **Henri IV**, premier urbaniste de Paris, sont réalisés le Pont-Neuf (1604), la Place Royale (aujourd'hui Place des Vosges) et la Place Dauphine. Pendant la régence de Marie de Médicis est édifié le palais du Luxembourg (de nos jours siège du **Sénat**; (→ Le Parlement p. 54). Le cardinal de Richelieu fait construire le Palais-Royal (1633).
La splendeur du règne de Louis XIV se reflète surtout dans le Château de Versailles, mais aussi dans l'Hôtel des Invalides, les colonnades du Louvre et les hôtels particuliers du Marais et de l'île Saint-Louis.
Les témoignages les plus marquants du XVIIIe siècle sont l'Ecole militaire, le Panthéon où se trouvent les tombeaux de « Français illustres » (Voltaire, Rousseau, Hugo, Zola ; (→ Littérature p. 115/116 et tableau p. 123/124, Les philosophes du « siècle des lumières » p. 138) et la Place de la Concorde. Cette dernière s'est d'abord appelée Place Louis XV, puis Place de la Révolution c'est là qu'était dressée la guillotine (→ La Révolution française p. 33). L'Obélisque y a été érigé en 1836.
Le premier Empire a laissé quelques traces architecturales importantes : les arcs de triomphe du Carrousel et de l'Etoile qui célèbrent les victoires de Napoléon Ier, l'église de la Madeleine et la rue de Rivoli.

Haussmann et le Paris du XIXe siècle

La ville prend son visage actuel sous le Second Empire à la suite des grands travaux entrepris par le préfet Haussmann (1853-70), qui transforment la capitale ; entre autres : ponts, places, parcs, grands boulevards (pour faciliter l'intervention de l'armée en cas d'émeutes), aménagement de la Place de l'Etoile, construction de l'Opéra (Palais Garnier) et de gares (exemples de l'architecture en fer).

un témoin Zeuge – **proprement dit** im eigentlichen Sinne – **faste** prunkvoll, prächtig – **la régence** Regentschaft – **édifier** erbauen – **un hôtel particulier** herrschaftliches Privathaus – **un témoignage** Zeugnis – **ériger** aufstellen – **une émeute** Aufstand – **l'aménagement** *m* Gestaltung.

Les principaux monuments construits vers la fin du XIXe siècle sont : l'Hôtel de Ville (1874-82), la Tour Eiffel (320 m) érigée pour l'Exposition universelle de 1889, le Grand et le Petit Palais (1900) et le Sacré-Cœur (1876-1912).

Paris au XXe siècle (→ aussi p. 27)

Aucune capitale n'a jamais entrepris simultanément autant de grands travaux architecturaux que Paris à la fin du XXe siècle. En effet, les présidents de la République ont eu l'ambition de laisser des traces visibles et durables de leur passage. Parmi les plus grandes réalisations : le palais de l'Unesco (1958), la Maison de la Radio (1962), la Tour Maine-Montparnasse en 1972 (210 m), le Centre national d'art et de culture Georges Pompidou (1977) ; à partir de 1979, le Forum des Halles (magasins, cinémas, restaurants), le Palais omnisports de Bercy (1984), la Cité des Sciences et de l'Industrie de la Villette (1986) avec la Géode (une sphère de 36 m de diamètre), la transformation de la gare d'Orsay en musée du XIXe siècle (1987), l'Institut du Monde arabe (1987), symbole du dialogue entre l'Occident et l'Islam ; la Pyramide du Louvre (1988), nouvelle entrée du musée, en verre et haute de 22 m ; l'Opéra Bastille (1989), la Grande Arche (1989), 110 m de haut, qui ferme la plus vaste perspective du monde (Louvre - Défense: 7,5 km). La Défense, quartier le plus futuriste et nouveau centre d'affaires de Paris, compte aujourd'hui quelque 40 tours.

La nouvelle Bibliothèque nationale de France, dans le 13e arrondissement (ouverte en 1995), a redonné une certaine valeur à un quartier vétuste et la construction du Stade de France à St-Denis (1998), au nord de Paris, a été accompagnée d'une modernisation de l'infrastructure dans la banlieue nord.

François Mitterrand a, plus encore que ses prédécesseurs, tenu à marquer la capitale de son empreinte : pendant ses deux septennats, 11 projets monumentaux (les « grands travaux du président ») ont été menés à terme.

Parallèlement aux constructions de prestige, d'autres opérations d'urbanisme sont entreprises pour rénover certains vieux quartiers.

l'ambition *f* Ehrgeiz - **durable** dauerhaft - **une sphère** Kugel - **un diamètre** Durchmesser - **vétuste** baufällig - **un prédécesseur** Vorgänger - **marquer qc de son empreinte** prägen - **mener qc à terme** vollenden.

Le Louvre

La Géode

L'Opéra Bastille

La Grande Arche de la Défense

La Bibliothèque nationale de France

Economie

Bien que la **régionalisation** ait entraîné une certaine déconcentration industrielle (plus de 3000 entreprises ont quitté ces vingt dernières années l'agglomération parisienne), Paris reste la super-capitale de l'économie française, cumulant pratiquement toutes les fonctions de commandement. On y trouve tous les ministères; 96% des banques et 45% des autres entreprises y ont leur siège social. L'Etat réalise à Paris 45% de ses recettes fiscales. Les mass-medias (télévision, radio, presse nationale) sont également concentrés dans la capitale.
L'Ile-de-France est essentiellement une région de « cols blancs » (→ Les professions intermédiaires p. 65): le secteur tertiaire représente 70% de son activité (30% de l'effectif du pays). Pourtant, la région reste aussi le centre industriel de la nation avec l'industrie de pointe et des entreprises hautement spécialisées : aéronautique 50%, automobile 60%, pharmaceutique 70%, optique 77% du total national. Le chômage y est moins fréquent et de moins longue durée, les salaires sont plus élevés que dans le reste de la France.
Plusieurs quartiers de la capitale conservent encore de nos jours une physionomie typique, conditionnée depuis des siècles par une activité professionnelle déterminée. Ainsi les industries du livre sont rassemblées autour de l'Opéra, de la place Vendôme et dans la rue de la Paix ; le faubourg Saint-Antoine reste le centre traditionnel du meuble ; le petit artisanat est installé dans le Marais.
Cependant le manque d'espace dans la cité oblige de nombreuses entreprises, qui souhaitent s'agrandir et se moderniser, à s'implanter en banlieue ou même plus loin.

Le centre politique

En dépit des récents efforts de décentralisation, pratiquement toutes les décisions politiques d'intérêt national sont prises à Paris. En dehors de la Présidence de la République (**Palais de l'Elysée**) et de la résidence du Premier ministre (**Hôtel Matignon**) s'y trouvent tous les ministères, le Parlement (l'Assemblée nationale au **Palais Bourbon** et le Sénat au **Palais du Luxembourg**), de grandes instances comme le Conseil constitutionnel et le Conseil d'Etat, qui ont leur siège au Palais Royal, ainsi que les Grands Corps de l'Etat (par exemple La Cour des Comptes ; → L'organisation des pouvoirs p. 52, Le Parlement p. 54).

entraîner *ici :* mit sich bringen – **cumuler** anhäufen – **la recette fiscale** Steuereinnahme – **le col** Kragen – **le secteur tertiaire** Dienstleistungssektor – **conditionner** bedingen – **en dépit de qc** trotz.

Le rayonnement international

Dans le domaine de la politique internationale, Paris est le siège de l'**UNESCO** (Organisation des Nations unies pour l'éducation, la science et la culture) et de l'**OCDE** (Organisation de coopération et de développement économique). On y trouve aussi le siège de l'Organisation internationale de la francophonie.
La réputation de la capitale n'est plus à faire en ce qui concerne l'industrie de luxe. Les grands de la **haute couture** et de la parfumerie (Dior, Chanel, Saint-Laurent, Cardin) imposent dans le monde entier les tendances de la mode. Des noms prestigieux comme Hermès ou Cartier sont indissociables de Paris, et pour un jeune créateur, réussir dans la capitale de la mode est une garantie de célébrité internationale.
Par ailleurs, Paris est un pôle d'attraction pour les touristes de tous les pays (13 millions par an) et la première ville de congrès du monde (480 congrès internationaux par an).

Le Paris culturel et intellectuel

Bien sûr, la province n'est plus un « désert culturel », de nombreuses villes ont leur théâtre, leur opéra ou leur festival d'été, mais Paris reste une étape obligatoire pour l'artiste ou l'écrivain francophone qui cherche la consécration : on y trouve, entre autres, la plupart des **maisons d'édition**, les studios de **cinéma**, de **télévision** et de **radio** ; les grands **prix littéraires** (→ p. 120) y sont attribués et les 21 **académies nationales** y siègent.
Pour l'amateur de culture, les possibilités sont immenses : 50% des théâtres français se trouvent à Paris, ainsi qu'une centaine de musées, environ 300 cinémas et galeries.
En outre, 13 **universités** accueillant un tiers des étudiants français, la plupart des **grandes écoles** (→ p. 66) et des instituts nationaux de recherche, par exemple l'Institut Pasteur et le Centre national d'études spatiales (CNES), sont concentrés en Ile-de-France.

imposer qc à qn *ici :* diktieren – **indissociablé** untrennbar – **la célébrité** Berühmtheit – **une consécration** Weihe – **les études** *f* **spatiales** Weltraumstudien.

Chapitre 2 : Histoire

Les principaux vestiges de l'**époque préhistorique** sont les peintures de la grotte de Lascaux, ainsi que les menhirs (pierres dressées) et dolmens (tables de pierre) dont la plupart se trouvent à Carnac en Bretagne.

Peintures de la grotte de Lascaux

L'Antiquité

- A partir de 1000 av. J.-C. : invasion des Celtes.
- 58-51 av. J.-C. : **guerre des Gaules**. César soumet les Gaulois (victoire d'Alésia en 52 contre Vercingétorix). La Gaule se romanise. Elle adopte la langue et la civilisation des Romains.
- Au début du Ve siècle, les Germains envahissent le pays.

Le Moyen Age

- **Clovis**, roi des Francs (481-511), conquiert presque toute la Gaule et fait de Paris sa capitale (508).
- 732: **Charles Martel** arrête les Arabes à Poitiers.
- **Charlemagne** (768-814) est couronné Empereur d'Occident en 800. Son but : reconstituer l'Empire romain. Il institue une administration centralisée.
- Naissance de la France : en 843, le **traité de Verdun** partage l'empire de Charlemagne en trois royaumes qui reviennent à Charles le Chauve (France), Lothaire (Lotharingie) et Louis le Germanique (Germanie).
- XIe siècle : début des Croisades. Grande époque de l'**art roman** (→ tableau, Le Moyen Age p. 119).
- Du XIIe au XIVe siècle : les rois **Philippe Auguste**, **Louis IX** (Saint-Louis) et **Philippe le Bel** agrandissent leur territoire et renforcent le pouvoir royal. La France est la première puissance européenne. Epanouissement de l'**art gothique** dont témoignent les cathédrales de Chartres, de Reims et Notre-Dame de Paris (→ tableau, Le Moyen Age p. 121).

les vestiges *m* Überreste – **soumettre qn** unterwerfen – **envahir qc** einfallen – **instituer** einrichten – **une croisade** Kreuzzug – **renforcer** stärken – **l'épanouissement** *m ici : figurativ* Blüte – **témoigner de qc** Zeugnis ablegen.

- La **guerre de Cent Ans** entre la France et l'Angleterre (1337-1453) : Le roi d'Angleterre (petit-fils de Philippe le Bel) réclame la couronne française. Après de nombreuses défaites pour la France, **Jeanne d'Arc** (1412-31) libère Orléans (1429) et fait sacrer Charles VII à Reims. Devenue le symbole de la résistance, elle est brûlée par les Anglais.

L'Ancien Régime

- **François Ier** (1515-47) : son règne est caractérisé par une longue suite de guerres contre la maison de Habsbourg (Charles Quint). Les combats se déroulent surtout en Italie et font découvrir aux Français la brillante civilisation de la **Renaissance** italienne. Le roi soutient les artistes, les écrivains (Rabelais, Montaigne ; (⟶ tableau, Le XVIe siècle p. 121) et les savants, et dote le pays de nombreux châteaux (vallée de la Loire).
  Le français devient langue officielle (⟶ Les Français et leur langue p. 140).
- Les **guerres de Religion** (1560-98) : la Réforme calviniste menace le pouvoir des rois catholiques. Massacre de la **Saint Barthélémy** en 1572 : des milliers de protestants sont tués sur ordre du roi Henri III et de Catherine de Médicis. **Henri de Navarre**, chef des protestants, met un terme aux guerres civiles en se convertissant au catholicisme pour être reconnu comme roi (« Paris vaut bien une messe ») : **Henri IV** (1589-1610) accorde aux protestants (**huguenots**) la liberté d'exercer leur religion (**Edit de Nantes** 1598).
- **Louis XIII** (1610-43) : son ministre **Richelieu** met fin à l'indépendance des nobles et agrandit le territoire jusqu'à ses frontières naturelles (Pyrénées, Rhin). Le traité de Westphalie (1648) donne l'**Alsace** à la France.
- **Louis XIV: le Roi Soleil**
  Le règne de **Louis XIV** (1661-1715) est le plus long de l'histoire de France, l'apogée du pouvoir personnel absolu, une ère de splendeur pour toutes les formes de l'art - mais c'est aussi une période de guerres et de misère.

Louis XIV

une couronne Krone - **une défaite** Niederlage - **sacrer qn** zum König weihen - **doter qn/qc de qc** ausstatten mit - **menacer** bedrohen - **mettre un terme à qc** beendigen - **se convertir à** übertreten - **un apogée** Höhepunkt - **une ère** Ära.

La politique extérieure

Dans ce domaine, le but de Louis XIV est une politique de domination qui vise à l'hégémonie de la France en Europe et à l'agrandissement du territoire national au Nord et à l'Est (Rhin).

- La **Guerre de Dévolution** contre l'Espagne (1667/68) rapporte à la France le sud de la Flandre (Lille).
- L'objectif de la **Guerre de Hollande** (1672-78) est l'élimination d'une concurrence industrielle et de la suprématie de la marine marchande hollandaise. Par les traités de Nimègue (1678/79), la France obtient la Franche-Comté, une autre partie de la Flandre et Fribourg-en-Brisgau.
- La **politique des « réunions »** : pour justifier ses revendications territoriales en Allemagne, Louis XIV fait valoir devant des « Chambres de réunion » françaises des « raisons historiques » : il annexe ainsi le Luxembourg, l'Alsace et Strasbourg (1681). Contre les ambitions territoriales du roi se forme la ligue d'Augsbourg (tous les voisins de la France, excepté la Suisse).
- La **guerre de la ligue d'Augsbourg** (1688-97) : Louis XIV réclame, au nom de sa belle-sœur Elisabeth Charlotte, des droits d'héritage sur le Palatinat. Il s'ensuit une guerre dévastatrice (1689 : destruction de Mannheim, Heidelberg, Spire, Worms). Par la paix de Ryswick (1697), la France conserve Strasbourg et l'Alsace mais doit rendre les autres territoires annexés après 1678.
- La **Guerre de Succession d'Espagne** (1702-14) est la première guerre de dimensions européennes. Elle prend fin avec les paix d'Utrecht (1713) et de Rastadt (1714). La France vaincue sauvegarde ses conquêtes, mais cède des possessions canadiennes aux Anglais. Ces traités consacrent de plus la création du royaume de Prusse (1701).
- **Bilan** : la France a acquis de nouveaux territoires et des colonies (Antilles, Réunion, Louisiane), mais elle a perdu sa domination en Europe au profit de l'Angleterre.

La politique intérieure

Louis XIV incarne par excellence la **monarchie absolue** de droit divin (« Un roi, une foi, une loi »). L'**Etat absolu** du Roi Soleil (« L'Etat, c'est moi ») devient le modèle pour toute l'Europe. Louis XIV concentre tout le pouvoir entre ses mains et surveille le fonctionnement des institutions dans les moindres détails. Il choisit des ministres compétents (Colbert, Louvois) parmi la bourgeoisie ; les nobles ne sont plus que des courtisans réunis à Versailles. Les intendants, nommés et révoqués

viser à qc abzielen auf – **une suprématie** Vormachtstellung – **une revendication** Forderung – **faire valoir** *ici:* geltend machen – **la Chambre de réunion** Reunionskammer *(von Ludwig XIV geschaffene rechtliche Instanz zur Rechtfertigung von Gebietsannexionen)* – **un héritage** Erbschaft – **le Palatinat** Pfalz – **il s'ensuit** daraus entsteht – **dévastateur, -trice** verheerend – **la Guerre de Succession** Erbfolgekrieg – **sauvegarder** behalten – **consacrer** *ici :* bestätigen – **la foi** Glaube – **révoquer qn** *ici :* entlassen.

par le monarque, représentent celui-ci dans les provinces. Pour pouvoir satisfaire les besoins financiers de la couronne (la cour, les guerres), Colbert instaure un système protectionniste et **mercantiliste** : importation de matières premières, exportation de produits finis. Cette politique amène une augmentation de la masse monétaire et contribue ainsi à la prospérité du pays. Elle a pour conséquence le développement de l'industrie et des manufactures (fonderie, faïence, tapisserie) aux dépens de l'agriculture, la construction d'un réseau routier dont le centre est Paris, la création d'une marine marchande et l'abolition de douanes intérieures.

Le grand siècle

Ce titre de gloire est en partie mérité : vers 1685, le pays est le plus prospère, le plus peuplé (20 millions) et le plus puissant d'Europe. La culture française rayonne sur tout le continent. La littérature classique est dominée par des auteurs comme Corneille, Racine, Molière (⟶ Littérature, Le XVIIe siècle p. 115), tous au service du monarque ; le roi protège les savants, les musiciens et les peintres. Le français devient la langue des élites européennes.
Le **château de Versailles** symbolise le prestige du Roi Soleil. Commencés en 1661, les travaux durent plus de 50 ans. Louis XIV s'y installe avec sa famille et tous les Grands du royaume (la « maison du roi » compte jusqu'à 10 000 personnes). Un cérémonial précis, « l'étiquette », règle minutieusement le rythme de la cour sur la vie du roi.

Le revers de la médaille

Les guerres et la cour vident les caisses de l'Etat, de sorte que des crises économiques secouent le pays à partir de 1693. La révocation de l'**Edit de Nantes** (1685 ; ⟶ L'Ancien Régime p. 31) représente sans doute la plus grosse erreur en politique intérieure : après l'interdiction du culte protestant, environ 400 000 **huguenots** quittent clandestinement le pays (20 000 pour Berlin), ce qui affaiblit considérablement l'économie. Beaucoup de ceux qui restent se révoltent (Cévennes).
Des maladies et des famines frappent les habitants des campagnes (80% des Français). En 20 ans, la population de la France diminue d'un million.
Après 54 ans de règne absolu, Louis le Grand meurt impopulaire, laissant le royaume dans une situation financière catastrophique.

La Révolution française

La Révolution française ne se limite pas à la seule année 1789 ; on peut distinguer plusieurs phases qui s'étendent sur dix ans, entre le printemps 1789 et le

contribuer à beitragen - **la prospérité** Wohlstand, Blüte - **la fonderie** Gießerei - **la faïence** Steingut - **la tapisserie** *ici :* Wandteppich - **l'abolition** *f* Abschaffung - **secouer** erschüttern - **la révocation** Aufhebung - **clandestin,e** heimlich - **affaiblir** schwächen - **la famine** Hungersnot - **s'étendre sur** sich erstrecken über.

9 novembre 1799 (⟶ Chronologie des événements p. 34). Les changements qu'elle a apportés ne sont pas seulement politiques mais également sociaux, juridiques, administratifs et économiques (⟶ Conséquences de la Révolution p. 37).

Causes principales de la Révolution

Après les nombreuses guerres de **Louis XIV** (⟶ p. 31), de **Louis XV** (**Guerre de Sept Ans** contre l'Angleterre et la Prusse 1756-63) et de **Louis XVI** (intervention coûteuse dans la guerre d'indépendance américaine), la France est au bord de la ruine. Les impôts ne cessent d'augmenter.

Les tentatives de réformes fiscales pour assainir les finances de l'Etat échouent car le premier état (le **clergé**) et le second état (la **noblesse**) défendent leurs privilèges. Représentant 2% de la population et possédant plus de 35% des terres, ils ne payaient jusqu'alors pas d'impôts.

Le Tiers Etat (98% de la population) se compose de la bourgeoisie qui, après s'être enrichie par le commerce, aspire maintenant à un pouvoir politique, ainsi que des paysans (82% de la population) et du petit peuple (artisans et ouvriers) qui vivent dans une misère de plus en plus grande. En 1788, la récolte est particulièrement mauvaise, et les paysans ne peuvent plus faire face aux impôts (70% de leurs revenus).

Les écrivains et les philosophes du « **siècle des lumières** » (⟶ p. 138) critiquent les injustices de l'Ancien Régime et prennent position pour des idées nouvelles : liberté religieuse et politique (**Voltaire**), séparation des pouvoirs (**Montesquieu**), souveraineté du peuple basée sur l'égalité entre les hommes (**Rousseau**).

Chronologie des événements

1789 : les **Etats généraux** (représentation des trois états) se réunissent à Versailles (5 mai).

Le Tiers Etat devient **Assemblée nationale** (17 juin).

Serment du Jeu de Paume (20 juin) : les députés du Tiers Etat veulent donner une constitution au royaume.

Prise de la **Bastille** par le peuple de Paris (14 juillet. Officiellement Fête Nationale depuis 1879).

les impôts *m* Steuern – **une tentative** Versuch – **assainir** sanieren – **échouer** misslingen – **le clergé** Klerus – **aspirer à** streben nach – **une récolte** Ernte.

La Prise de la Bastille

Révoltes dans toute la France ; abolition des privilèges du premier et second état (nuit du 4 août).

Déclaration des droits de l'homme et du citoyen (26 août ; → Conséquences de la Révolution, Sur le plan universel p. 37).

1791 : fuite de la famille royale vers l'Allemagne (juin) ; arrestation a Varennes (Meuse) et retour à Paris.

L'Assemblée Constituante vote la **Constitution** ; la monarchie devient constitutionnelle : le roi ne détient plus que le pouvoir exécutif (→ Conséquences de la Révolution p. 37).

1792 : victoire à Valmy (Marne) des « armées de la Révolution » sur les Prussiens.

Rouget de Lisle écrit la « **Marseillaise** », devenue hymne national en 1795. Supprimée par Napoléon, elle l'est redevenue en 1879 et l'est encore aujourd'hui.

Proclamation de la **Ière République**.

1793 : procès du roi. Exécution de **Louis XVI** et de **Marie-Antoinette**.

Début de la **Terreur** (**Robespierre**, les **Jacobins**) : les « ennemis de la liberté » doivent être éliminés (plus de 40 000 guillotinés).

Guerres à l'extérieur (contre la coalition des monarchies européennes) et à l'intérieur (contre la Vendée royaliste).

1794 : exécution de Robespierre et fin de la Terreur.

détenir innehaben.

1795-99 : la bourgeoisie modérée prend le pouvoir. Un **Directoire** de cinq, puis de trois hommes gouverne le pays et tente de rétablir l'ordre et la sécurité.
Victoires de **Napoléon Bonaparte** en Italie.
1799 : Coup d'Etat de Napoléon Bonaparte. Fin de la Ière République et de la Révolution.
Début du **Consulat** : trois consuls remplacent les directeurs. Bonaparte devient Premier consul et dispose pratiquement seul du pouvoir.

un coup d'Etat Staatsstreich.

Conséquences de la Révolution

Pour la France

- **Domaine politique** : le peuple obtient une Constitution écrite : **séparation des pouvoirs** législatif, exécutif et judiciaire.
  L'Assemblée législative est élue au **suffrage censitaire** (seuls votent les hommes âgés de plus de 25 ans et payant des impôts). Egalité de tous devant la loi et l'impôt.
  L'Etat et l'Église sont séparés.
- **Domaine administratif** : Réformes de l'administration : les anciennes provinces sont remplacées par 83 **départements** divisés en **arrondissements**, **cantons** et **communes** (→ Les départements p. 12 ; Région, département et commune p. 58).
  La **justice** est gratuite.
  L'Eglise perd le monopole de l'**enseignement**. Celui-ci devient public (accessible à tous) et est organisé en trois degrés : primaire, secondaire et supérieur (→ Les jeunes et l'école p. 68). Création de plusieurs « **grandes écoles** » (→ p. 66).
- **Domaine social et économique** : la société bourgeoise remplace l'**Ancien Régime** (→ p. 31). Elle est basée sur le libéralisme économique.

La France devient un marché unifié ; il n'y a plus de douanes intérieures.
Le système métrique et décimal est introduit (pour les poids et mesures et pour la monnaie).
Le budget du gouvernement doit être accepté par le Parlement.

Pour l'Europe

Les idées de la Révolution (liberté, égalité, fraternité) sont à l'origine de toutes les luttes des peuples européens pour la liberté et la démocratie.

Sur le plan universel

Les **droits de l'homme** deviennent le symbole d'une société idéale : Les hommes naissent et demeurent libres et égaux en droit. La liberté, la propriété, la sécurité et la résistance à l'oppression sont des droits naturels. Personne ne doit être inquiété pour ses opinions politiques ou religieuses.

Napoléon Bonaparte

Par ses réalisations à l'intérieur et ses guerres de conquête, Napoléon Bonaparte apparaît comme une des principales figures de l'histoire de France.

le suffrage censitaire Zensuswahlrecht – **la douane** Zoll – **l'oppression** *m* Unterdrückung – **inquiéter qn** *ici* : belangen.

Notice biographique

1769 : naissance à Ajaccio (Corse).
1793 : le plus jeune général de la Révolution.
1799 : « Sauveur de la Révolution ». Premier Consul avec tous les pouvoirs. Impose au pays une constitution autoritaire.
1802 : Consul à vie.
1804 : Bonaparte se sacre, à Paris, Napoléon Ier, empereur des Français.
1810 : mariage avec Marie-Louise d'Autriche.
1814 : première abdication. Exilé sur l'île d'Elbe.
1815 : les « **Cent-Jours** » : retour d'exil, bataille de **Waterloo**. Abdication définitive.
1815-21 : exil et mort sur l'île de Sainte-Helène.

La politique intérieure

Napoléon conserve en partie l'héritage de la Révolution et donne au pays une nouvelle organisation. La plupart des réformes sont mises en œuvre dès le Consulat. Les plus importantes sont :

- le renforcement du système centraliste (→ Les régions de France p. 12), qui sera effectif jusqu'en 1982. Les **préfets** (→ La région p. 58) sont « l'œil du gouvernement ».
- l'institution d'un service public basé sur des fonctionnaires nommés, payés et contrôlés par l'Etat.
- la création du Conseil d'Etat.
- la réorganisation du système juridique : les juges sont désignés par le pouvoir central.
- le Code civil (**Code Napoléon**), qui confirme les grands principes de 1789 ; l'accent y est mis sur le droit de propriété, ce qui renforce la société bourgeoise nouvelle. Ce code servira de modèle pour d'autres pays (Allemagne, Italie, Espagne).
- l'organisation minutieuse du système policier : la police sera la principale arme du dictateur à l'intérieur.
- de nouvelles lois financières : création de la Banque de France et du « franc germinal » (monnaie française jusqu'en 1919).

imposer à auferlegen – **se sacrer qc** sich zu etw. erklären – **le renforcement** Stärkung – **confirmer** bestätigen.

- le développement de l'industrie, de l'agriculture, du commerce et de l'infrastructure du pays.
- la réforme de l'enseignement : création des lycées et collèges « pour former une élite capable de diriger la France ». Les principes de « l'université impériale » resteront valables jusqu'en 1968.
- le **Concordat** avec le Vatican (1801), qui mettra le clergé sous le contrôle du gouvernement jusqu'en 1905.

Pendant un siècle et demi, on a considéré comme positive l'œuvre de Napoléon en tant que législateur centralisateur. Il est le père de l'Etat moderne fortement organisé.

La politique extérieure

Les buts de Napoléon sont l'unification de l'Europe continentale sous domination française et la lutte contre l'hégémonie coloniale et maritime de l'Angleterre. Pendant une vingtaine d'années, la France se trouve en guerre contre les autres puissances européennes (Angleterre, Autriche, Prusse, Russie, Suède, Espagne), qui s'engagent alternativement dans différentes coalitions dirigées contre Napoléon (→ Napoléon et l'Allemagne p. 40).

Les guerres napoléoniennes

1797 : l'Autriche cède à la France ses possessions sur la rive gauche du Rhin par le traité de Campo Formio.
1805 : la flotte française est anéantie à Trafalgar. Napoléon écrase les Autrichiens et les Russes à Austerlitz.
1806 : Napoléon déclare contre l'Angleterre le **blocus continental**, qui se soldera par un échec (→ Carte p. 40).
1808-14 : lors de ses interventions en Espagne, l'armée française essuie ses premiers revers.
1811 : le Grand Empire atteint son extension maximale. Napoléon a placé des membres de sa famille à la tête de plusieurs états.

Le déclin

1812-13 : Napoléon réunit une « armée de 20 nations » (700 000 soldats) et envahit la Russie. Après les premiers succès (prise de Moscou), c'est la catastrophe de la Bérésina et la retraite désordonnée de la Grande Armée (seulement 10 000 survivants).
1813 : l'armée napoléonienne est vaincue à Leipzig (bataille des Nations).
1815 : les troupes de la coalition (Wellington, Blücher) infligent à Napoléon la défaite définitive de **Waterloo**.

en tant que als – **anéantir** vernichten – **écraser** *ici :* vernichtend schlagen – **se solder par** sich erweisen als – **lors de** anlässlich – **essuyer un revers** Rückschlag erleiden – **une retraite** *ici :* Rückzug – **infliger** *ici :* zufügen.

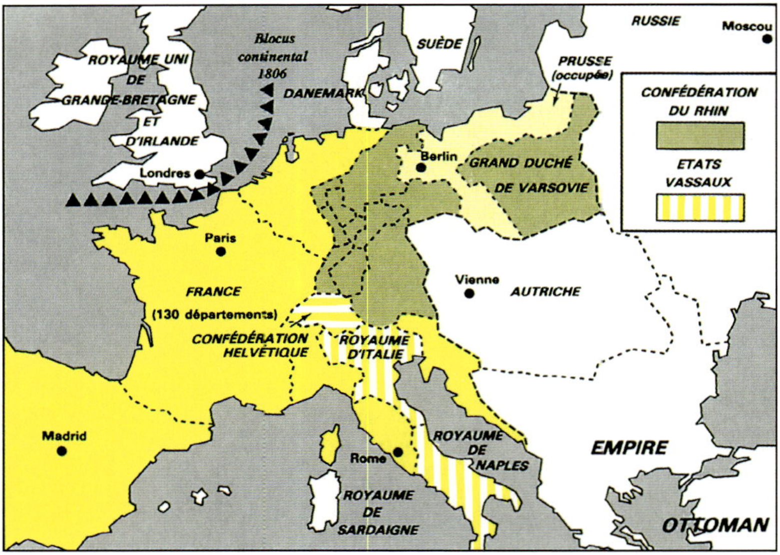

L'Europe napoléonnienne à son apogée (1811)

Bilan

Contre l'Angleterre et ses alliés, Napoléon a gagné la plupart des batailles… mais il a perdu la guerre. 20 ans de combats ont couvert l'Europe de ruines et fait 1,7 millions de victimes.

Napoléon et l'Allemagne

La Prusse participe à quatre des sept guerres de coalition. Par contre, entre 1806 et 1813, la plupart des autres états allemands sont les alliés de Napoléon.
1803 : le recès de l'Empire allemand modifie profondément la carte de l'Allemagne : Napoléon réduit le nombre des états (de 343 à 39), ainsi presque tous les petits états et principautes épiscopales sont supprimés. La formation d'états de taille moyenne dans le Sud a pour but de constituer un rempart contre l'Autriche. Le Bade, le Wurtemberg et la Bavière s'agrandissent considérablement.
1805 : la Bavière et le Wurtemberg deviennent des royaumes.

l'apogée *m ici :* Höhepunkt – **le recès** Reichsdeputationshauptschluss *(letzter Beschluss des Regensburger Reichstags des Heiligen Römischen Reichs Deutscher Nation über die Entschädigung der Fürsten, die Gebiete an Frankreich abtreten mussten)* – **une principauté épiscopale** geistliches Fürstentum – **un rempart** Festung – **considérablement** beträchtlich.

1806 : Napoléon se proclame protecteur de la **Confédération du Rhin** (→ Carte p. 40) et gagne ainsi de nombreux vassaux. Les états allemands - excepté la Prusse et l'Autriche - déclarent leur souveraineté ; ils s'inspirent fortement du modèle français en reprenant des idées de la Révolution, une administration centralisée et une législation copiée sur le Code civil : c'est la fin du Saint-Empire romain germanique.
La bataille d'Iéna marque l'effondrement de la Prusse. Napoléon entre dans Berlin.
1807 : La Prusse perd ses territoires à l'ouest de l'Elbe lors du traité de Tilsit. Jérôme Bonaparte devient roi de Westphalie.

Naissance de la conscience nationale allemande

La domination étrangère ainsi que des courants littéraires et philosophiques (Schiller, Fichte) éveillent le sentiment d'appartenir à une même communauté ethnique, culturelle et politique. Cette prise de conscience aboutit à des réformes administratives, sociales et militaires et à la guerre de libération (Leipzig 1813). Ainsi Napoléon, qui a détruit le Saint-Empire, est devenu malgré lui l'unificateur de l'Allemagne.

De la Restauration (1815-30) à la IIIe République – le triomphe de la bourgeoisie

Sous Louis XVIII (1815-24) et surtout sous Charles X (1824-30), une politique réactionnaire favorise l'ancienne aristocratie.
La révolution de 1830 donne naissance à la **Monarchie de Juillet** (Louis-Philippe 1830-48).
1848-52 : Révolution et **IIe République**. Louis Napoléon Bonaparte (neveu de Napoléon Ier) est élu président de la République au suffrage universel en 1848.
1852-70 : **Second Empire** (**Napoléon III**). D'une part, c'est une époque de prospérité et d'ordre : industrialisation (métallurgie, textile), développement des chemins de fer, modernisation des grandes villes (→ Haussmann et le Paris du XIXe siècle p. 25), construction du canal de Suez. Agrandissement du domaine colonial (Afrique, Indochine). D'autre part, Napoléon III engage la France dans de nombreuses guerres (Russie, Italie, Mexique).

La guerre franco-allemande (1870-71)

- **Causes** : du côté allemand, Bismarck pense qu'un conflit armé avec la France cimenterait l'unité allemande. Cependant ce sont les Français qui déclarent la guerre, par peur de l'hégémonie prussienne, mais aussi pour défendre le prestige de l'Empire.

la Confédération du Rhin Rheinbund – **un vassal** Vasall – **l'effondrement** *m* Zusammenbruch – **la prise de conscience** Bewusstwerden – **aboutir à** führen zu – **engager dans qc** *ici :* in etw. hineinziehen – **cimenter** zementieren.

- **Déroulement** : mal préparées et mal commandées, les armées françaises sont anéanties en six semaines (Sedan, Metz) ; Napoléon III est fait prisonnier, et les Prussiens assiègent Paris (septembre 70 - janvier 71). Après la capitulation du gouvernement de Défense nationale éclate la guerre civile de la **Commune de Paris** (mars - mai 1871). C'est une lutte entre le gouvernement élu par le reste de la France et l'assemblée de Paris : les Parisiens n'acceptent pas la capitulation ; la population ouvrière aspire à plus de justice sociale. Le ministre Thiers réprime sévèrement l'insurrection (plus de 30 000 morts).
- **Conséquences de la guerre pour la France** : par le traité de Francfort (1871), la France perd l'Alsace (→ De 1871 à la Première Guerre mondiale, Les Allemands en Alsace p. 96) et la partie germanophone de la Lorraine, ce qui entraîne une politique de revanche. La partie nord-est du pays reste occupée jusqu'au paiement de la dette de guerre (5 milliards de francs).

La IIIe République (1870-1940)

1870-1914 : Des réformes importantes marquent cette époque : établissement de libertés publiques, celle de réunion (1881), celle de la presse (1881) et celle des associations professionnelles ou syndicales (1884) ; création de lycées de jeunes filles (1880) ; l'**enseignement primaire** devient gratuit (1881), obligatoire et laïque (religieusement neutre) en 1882 (Jules Ferry) ; limitation du travail des enfants et des femmes et retraite ouvrière ; séparation de l'Eglise et de l'Etat (1905) ; (→ Développement et tendances de la société française au XXe siècle p. 62). Cependant la République est secouée par des crises politiques, idéologiques et économiques (mouvements antiparlementaires ; affaire Dreyfus).
Les traits dominants de la politique extérieure sont : une forte expansion de l'**empire colonial** (Tunisie, Maroc, Afrique occidentale et équatoriale, Madagascar, Indochine) ; l'**Entente cordiale** en 1904 (avec l'Angleterre) et la **Triple Entente** en 1907 (avec l'Angleterre et la Russie) qui répondent à la Triple Alliance entre l'Allemagne, l'Autriche et l'Italie.

La Première Guerre mondiale (1914-18)

Tous les partis politiques français se retrouvent dans l'« **Union sacrée** ».
La guerre de mouvement (1914) : après des batailles sans résultats tangibles (Lorraine, Marne) s'établit sur 780 km une ligne de front qui, pendant 4 ans, ne bougera pratiquement pas.

anéantir vernichten - **assiéger** belagern - **réprimer** niederschlagen - **une insurrection** Aufstand - **la dette** Schuld - **secouer** erschüttern - **une entente** Zusammenschluss, Allianz - **cordial,e** *ici :* Zweier-(Allianz) - **triple** *ici :* Dreier-(Allianz) - **tangible** *fig* greifbar.

La guerre des tranchées (1915-17) : c'est une guerre d'usure, qui culmine à la bataille de **Verdun** (1916) où les Allemands sont repoussés par les troupes de **Pétain**. Les deux armées y perdent plus de 500 000 hommes.
1918 : Le général Foch lance les offensives décisives de l'Entente : les Allemands reculent sur tous les fronts. L'armistice est signé le 11 novembre 1918.
Cette guerre a coûté à la France, le pays le plus touché, 1,5 millions de vies ; la société est ébranlée, l'Etat endetté, la monnaie dépréciée.
1919 : Signature du **traité de Versailles** (→ p. 97).

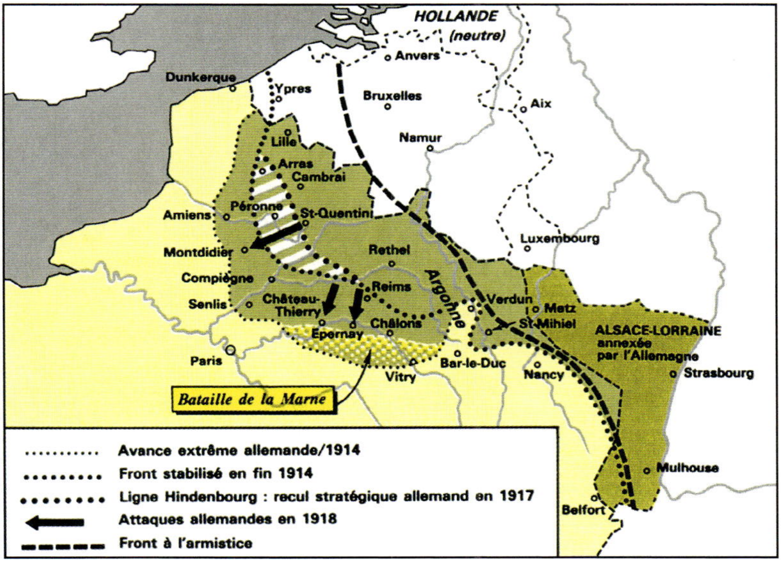

Premiere Guerre mondiale – Front français

L'« Entre-deux-guerres » (1919-39)

1919-26 : Inflation galopante ; grandes grèves.
1926-29 : Sous le gouvernement d'union nationale de Poincaré regroupant tous les partis sauf les communistes et les socialistes : stabilisation du franc, reprise économique, faible taux de chômage.
1931-36 : La crise économique frappe la France : faillites, grèves, chômage, agitation sociale. L'extrême droite se manifeste (**Action française**).

une tranchée Schützengraben – **l'usure** *f* Abnützung – **culminer** seinen Höhepunkt erreichen – **un armistice** Waffenstillstand – **ébranler** erschüttern – **endetté,e** verschuldet – **déprécier** ab-, entwerten – **le taux** Prozentsatz – **une faillite** Pleite.

1936-38 : Gouvernement du **Front populaire** (alliance de la gauche) sous Léon Blum. Importantes réformes sociales : premiers congés payés (15 jours) ; réduction des heures de travail à 40 heures ; nationalisations. Mais la crise économique se prolonge (→ Développement et tendances de la société française au XXe siècle p. 62).
1938-40 : Gouvernement Daladier : lente reprise économique ; pourtant à la veille de la guerre, le pays est affaibli, divisé et mal préparé au conflit.

La Seconde Guerre mondiale (1939-45)

La France envahie (1940)

3 septembre 1939 : la France déclare la guerre à l'Allemagne nazie après l'invasion de la Pologne.
De septembre 39 à mai 40 : l'armée française reste passive ; c'est pourquoi on appelle cette période « **la drôle de guerre** ».
10 mai 1940 : Hitler attaque la France. En quelques semaines, c'est la défaite totale : l'armée française est vaincue (Sedan, Dunkerque), le gouvernement quitte Paris, des millions de civils s'enfuient vers le sud : c'est « l'**exode** ».
22 juin 1940 : le maréchal **Pétain**, héros de la guerre 1914-18, accepte l'armistice : l'Alsace-Lorraine est annexée, la France est divisée en une **zone occupée** au nord et une **zone libre** au sud, et elle doit payer l'entretien des troupes d'occupation.

La France occupée (1940-44)

Le maréchal Pétain devient chef de « L'**Etat français** ». Le gouvernement, installé à Vichy, restaure les « **valeurs traditionnelles** » (Travail, Famille, Patrie), dissout les partis politiques ainsi que les syndicats et appelle à la **collaboration** avec l'occupant. Des milliers de juifs et d'opposants sont arrêtés et déportés en Allemagne. Une milice française sévit contre les résistants.
En 1942, les Allemands occupent la **zone libre**.
En 1943, le STO (Service du travail obligatoire) en Allemagne est institué pour les jeunes de 21 à 23 ans. Beaucoup de ceux qui refusent de se soumettre rejoignent des groupes de résistants.

les congés payés bezahlter Urlaub – **se prolonger** sich fortsetzen – **la reprise** *ici* : Erholung – **une défaite** Niederlage – **l'entretien** *m* Unterhalt – **dissoudre** auflösen – **sévir** rücksichtslos vorgehen – **instituer** einrichten – **se soumettre** sich unterwerfen – **rejoindre** sich anschließen.

La Résistance

Le 18 juin 1940, le général **de Gaulle** lance, depuis Londres, son premier appel à la **résistance extérieure**. Il organise les **FFL** (Forces Françaises Libres) qui reprennent le combat aux côtés des Alliés. Le « Comité national français » se proclame « gouvernement de la France libre » (Londres 1941). Il devient, en 1943, le « Comité français de Libération nationale ».
La **résistance intérieure** : à partir de 1942, des réseaux clandestins de plus en plus importants se constituent en France. Le « Conseil National de la Résistance », créé par Jean Moulin, reconnaît l'autorité du général de Gaulle. Les résistants organisent des filières d'évasion vers l'Angleterre, établissent des réseaux de renseignements, font de la contre-propagande et affaiblissent l'ennemi par des actes de sabotage. En 1944, ces combattants se regroupent dans les **FFI** (Forces françaises de l'intérieur) et participent à la libération.

La Libération

Le 6 juin 1944, les Alliés débarquent en Normandie, puis en Provence (août). Paris est libéré le 25 août.
De 1944 à 1946, un gouvernement provisoire dirigé par de Gaulle s'installe à Paris. Les règlements de comptes entre résistants et collaborateurs (« l'**épuration** ») déchirent le pays (entre 1944 et 1945 : plus de 30 000 exécutions, souvent sans procès). Le nouveau gouvernement engage des réformes importantes (→ Développement et tendances de la société française au XXe siècle p. 62). En désaccord avec la majorité de l'Assemblée constituante, élue en 1945, de Gaulle démissionne en 1946.

La IVe République (1946-58)

La nouvelle Constitution (→ L'organisation des pouvoirs p. 52) donne des pouvoirs étendus à l'Assemblée nationale, ce qui entraîne, à cause de la division des partis, une grande instabilité politique (plus de 20 gouvernements en 12 ans). D'autre part, l'œuvre économique et sociale de cette République est considérable : l'économie est restructurée grâce au « Plan de modernisation et d'équipement » (plan Monnet) et au plan Marshall (aide des Etats-Unis à l'Europe). Le pays connaît, à partir de 1950, une période de grand essor : l'industrie se développe, le plein-emploi est assuré. En 1950 est instauré le **SMIG** (salaire minimum national interprofessionnel garanti ; → Développement et tendances de la société française au XXe siècle p. 62), et en 1956, on attribue une troisième semaine de congés payés. Mais les guerres coloniales coûtent cher : l'inflation permanente mécontente les Français, d'où de nombreuses grèves.

le combat Kampf – **clandestin,e** heimlich, unerlaubt – **une filière d'evasion** Fluchtweg – **le règlement de compte** Abrechnung – **déchirer** zerreißen – **démissionner** zurücktreten – **un essor** Aufschwung – **mécontenter qn** unzufrieden machen.

La décolonisation (16 ans de guerre)

La guerre d'Indochine (1946-54)

La France refuse de reconnaître l'indépendance de l'Indochine que réclame le mouvement du Viêt-minh, dirigé par Ho-Chi-Minh. Il en résulte une longue guerre. La défaite française de Diên Biên Phu (1954) mène aux accords de Genève qui aboutissent à l'indépendance de l'Indochine (Viêt-Nam, Laos, Cambodge).

Le **Maroc** et la **Tunisie** obtiennent leur indépendance en 1956.

La guerre d'Algérie (1954-62)

En 1954, les attentats du **FLN** (Front de libération nationale) provoquent une révolte des « **pieds-noirs** », qui ne veulent pas que la France renonce à un pays où ils sont nés. Paris engage une guerre qui déstabilise la nation financièrement, moralement et politiquement. Les gouvernements sont trop faibles pour résoudre la crise.
En mai 1958, craignant des négociations avec le FLN, des Français d'Algérie soutenus par l'armée francaise forment un « Comité de salut public » qui réclame une « Algérie française » : la guerre civile menace. Dans ces conditions, le général **de Gaulle** est rappelé pour former un gouvernement et obtient les pleins pouvoirs pour élaborer une nouvelle Constitution.

La Ve République (depuis le 28-9-1958)

Les années 1958 à 1969 sont dominées par la personnalité de **Charles de Gaulle** (1890-1970), sa volonté d'affirmer à l'intérieur l'autorité de l'Etat, et à l'extérieur le prestige et l'indépendance de la France.
En septembre 1958, la nouvelle Constitution, approuvée par **référendum** (→ p. 55), instaure un régime parlementaire où le rôle du président de la République est considérable (→ L'organisation des pouvoirs p. 52). De Gaulle est élu Président et se réserve de traiter lui-même les affaires importantes.

L'achèvement de la décolonisation

L'**Algérie** : arrivé au pouvoir grâce aux partisans de l'**Algérie française**, de Gaulle reconnaît néanmoins aux Algériens le droit à l'autodétermination (1959). 75% des Francais approuvent cette politique par référendum (1961). Les années 1961/62

un « pied-noir » Algerienfranzose – **une négociation** Verhandlung – **approuver** billigen – **instaurer** einführen – **l'achèvement** *m* Vollendung – **un partisan** *ici :* Anhänger – **l'autodétermination** *f* Selbstbestimmung.

sont marquées par un putsch des généraux à Alger, des actes de terrorisme du **FLN** et de l'**OAS** (Organisation de l'armée secrète), hostile à l'indépendance de l'Algérie. Cependant le pays obtient son indépendance par les **Accords d'Evian** (1962). Près d'un million de « **pieds-noirs** » sont rapatriés.
Les colonies d'Afrique noire acquièrent leur autonomie au début des années 1960, mais la France y reste présente grâce à des accords de défense et d'aide économique (→ La politique africaine après la décolonisation p. 110).

Une politique étrangère nouvelle – la grandeur de la France

Convaincu du rôle historique de la France, de Gaulle affirme l'indépendance nationale, surtout vis-à-vis des Etats-Unis : il constitue une force nucléaire française (la « **Force de frappe** »), engage une politique de détente avec les pays socialistes et donne son appui aux nations qui veulent préserver leur autonomie face aux deux grands blocs.

La politique intérieure

L'essor économique s'amplifie : une monnaie plus stable (le « nouveau franc » est introduit en 1960) et des plans économiques (concentration des entreprises, accélération de la recherche, conquête de marchés extérieurs) permettent une expansion rapide. La France entre dans la phase de la consommation de masse.
En 1962, la proposition d'élire le président de la République au suffrage universel est approuvée par **référendum** (→ p. 55).
Mais la croissance économique fait des victimes : agriculteurs, ouvriers, petits commerçants protestent contre l'inégalité sociale. De Gaulle est réélu en 1965 (contre **François Mitterrand**), et en **mai/juin 1968** éclate une crise qui secoue profondément la République : la jeunesse intellectuelle se dresse contre la société de consommation et les injustices sociales. Les étudiants manifestent violemment dans les rues. Dans un premier temps, les ouvriers se joignent à leur mouvement : des grèves paralysent le pays, le gouvernement est pris de panique. Après s'être assuré le soutien de l'armée, de Gaulle dissout l'Assemblée nationale. Aux élections législatives de juin, les gaullistes, qui réunissent différents groupes de droite, remportent la majorité absolue : les Français ont eu peur de l'anarchie ! (→ Développement et tendances de la société française au XXe siècle p. 62)

Le départ du Président

De Gaulle ne réussit pas à imposer sa réforme constitutionnelle (réforme du Sénat, régionalisation ; → Les régions de France p. 12) : les Français répondent « non » au référendum. Le 28 avril 1969, le Président démissionne.

hostile feindlich – **acquérir** erhalten – **un accord** Abkommen – **la détente** Entspannung – **l'appui** *m* Unterstützung – **s'amplifier** *ici :* sich verstärken – **une accélération** *ici :* Förderung – **le suffrage universel** allgemeines Wahl – **secouer** erschüttern – **paralyser** lähmen – **le soutien** Unterstützung.

L'après-gaullisme (1969-81) – les héritiers

Les successeurs du Général maintiennent les principes de la Ve République. La politique étrangère reste fidèle au gaullisme, mais devient plus européenne (⟶ La France face à l'Europe p. 106). Sous **Georges Pompidou** (1969-74), ancien Premier ministre de de Gaulle, l'expansion économique se poursuit : politique industrielle moins nationaliste, soutien aux industries performantes de haute technologie. Sur le plan social, le gouvernement **Chaban-Delmas** (1969-72) adopte de nouvelles orientations : la « **nouvelle société** » veut répondre à certaines revendications de mai 1968 (⟶ Développement et tendances de la société française au XXe siècle p. 62). L'idée de régionalisation est reprise par la loi sur la réforme régionale (⟶ Les régions de France p. 12). En 1972, les partis de gauche (Parti socialiste, Parti communiste, Mouvement des radicaux de gauche) signent le « **Programme commun de gouvernement** » qui prévoit, en cas de victoire électorale, des nationalisations et des réformes sociales ; mais aux législatives de 1973, les partis conservateurs gardent leur majorité.
Après la mort de Georges Pompidou, **Valéry Giscard d'Estaing**, futur chef de l'**UDF** (⟶ p. 57), est élu président de la République (1974-81) face à François Mitterrand, candidat de la gauche.
Les chocs pétroliers (1973/1979/1980) entraînent la France dans une crise économique. Le gouvernement **Chirac** (1974-76) essaie de relancer l'économie par d'importants crédits, ce qui augmente l'inflation. Son successeur **Raymond Barre** (1976-81) tente, à l'inverse, d'imposer une politique d'austérité, sans grand succès : l'inflation n'est pas stoppée et le chômage s'aggrave. Pour être moins dépendant du pétrole, l'Etat s'engage dans un vaste programme de centrales nucléaires (⟶ Les centrales nucléaires p. 88).

Par ailleurs, Valéry Giscard d'Estaing, le Président du « changement dans la continuité », se distingue par d'importantes mesures : l'âge de la majorité est abaissé à 18 ans, la Sécurité sociale est étendue à toute la population, l'avortement est légalisé (⟶ La maternité p. 69). A l'extérieur, la priorité revient à la politique européenne (⟶ La France et l'Europe p. 106).
L'Union de la gauche éclate en 1977, et un an plus tard, la droite gagne les élections législatives.
La crise économique, l'usure du pouvoir et les divisions de la droite sont les causes majeures de la victoire de **François Mitterrand** (1916-96) contre Giscard d'Estaing aux élections présidentielles de 1981.

maintenir aufrechterhalten – **performant,e** leistungsstark – **une revendication** Forderung – **une politique d'austérité** Sparpolitik – **s'aggraver** sich verschlimmern – **la majorité** *ici :* Volljährigkeit – **l'avortement** *m* Abtreibung – **l'usure** *f* Abnutzung.

La gauche au pouvoir

Le premier Président socialiste de la Ve République dissout aussitôt l'Assemblée nationale : après les élections législatives, les socialistes obtiennent la majorité absolue. C'est « l'état de grâce » : le gouvernement d'« **Union de la gauche** » comprenant quatre ministres communistes tente de tenir les promesses électorales : le **SMIC** (→ Développement et tendances de la société française au XXe siècle p. 62) est relevé (de 10%) ainsi que les allocations familiales (de 25%), les travailleurs bénéficient, en outre de la semaine de 39 heures, d'une 5e semaine de congés payés et de la retraite à 60 ans. Neuf groupes industriels et 36 banques sont nationalisés. La peine de mort est abolie, la **décentralisation** mise en œuvre (→ Les régions de France p. 12).
Mais la relance économique fait augmenter l'inflation (le franc est dévalué plusieurs fois) ; le problème du chômage n'est pas résolu.
A partir de 1982, le gouvernement impose une politique économique de rigueur : blocage des prix et des salaires, protection de l'économie nationale contre la concurrence étrangère. L'orientation de l'industrie vers les secteurs d'avenir aux dépens des branches traditionnelles (→ Le monde du travail p. 91) fait monter le chômage et incite les quatre ministres communistes à quitter le gouvernement (1984). Incapables de redresser la situation économique, les socialistes perdent les législatives de 1986. Pendant deux ans (1986-88), la vie politique est marquée par la première **cohabitation** entre un président de gauche et un gouvernement de droite. Le nouveau Premier ministre, **Jacques Chirac**, privatise de nombreuses entreprises nationalisées, mais le chômage augmente constamment et la politique sociale provoque le mécontentement du monde du travail.
En 1988, **François Mitterrand** est réélu Président (contre Jacques Chirac) et les législatives confirment le succès de la gauche. Mais les gouvernements successifs (dont celui d'**Edith Cresson**, première femme à occuper le poste de Premier ministre en 1991) ne réussissent pas à régler le problème du chômage. Le climat social se détériore, les scandales politiques et financiers se succèdent. Aux élections législatives de 1993, la droite remporte une victoire écrasante (84% des sièges). C'est la deuxième **cohabitation** (1993-95), sous le gouvernement d'**Edouard Balladur**.
Un regard d'ensemble sur les années Mitterrand met en évidence une évolution très nette : alors que le premier septennat est marqué par des mesures sociales et des transformations importantes concernant la politique intérieure, on peut dire qu'au cours du second septennat, l'union de l'Europe et la coopération avec l'Allemagne sont devenues les objectifs prioritaires du président. Sur le plan intérieur, beaucoup de problèmes (crise économique, chômage, fracture sociale) restent sans solution.

dissoudre auflösen – **les allocations familiales** Kindergeld – **les congés payés** bezahlter Urlaub – **nationaliser** verstaatlichen – **la peine de mort** Todesstrafe **abolir** abschaffen – **une relance** (wirtschaftlicher) Aufschwung – **dévaluer** abwerten – **inciter qn à faire qc** veranlassen – **se détériorer** sich verschlechtern – **se succéder** einander folgen – **écrasant,e** *ici :* erdrutschartig – **un septennat** siebenjährige Amtszeit.

L'ère Chirac

Aux élections présidentielles de 1995, **Jacques Chirac**, candidat de la droite, l'emporte sur le socialiste **Lionel Jospin** avec 52,7% des voix. Sa décision de reprendre les essais nucléaires dans le Pacifique (Mururoa) soulève des protestations dans le monde entier, et contribue à une baisse de sa popularité en France, aggravée par la déception devant les promesses électorales non tenues. La tentative du gouvernement pour réformer le système de protection sociale se heurte à des grèves massives, à la fin de l'année.

En 1997, Jacques Chirac dissout l'Assemblée nationale. Aux élections législatives anticipées, la gauche remporte une victoire inattendue. **Lionel Jospin** est nommé Premier ministre. C'est la troisième **cohabitation**.

Parmi les mesures adoptées par le gouvernement de « **gauche plurielle** » (coalition de partis de gauche), on peut citer la création du Pacs (pacte civil de solidarité (→ La vie en couple p. 76), qui permet aux couples non mariés, hétérosexuels ou homosexuels, de bénéficier d'une reconnaissance juridique ; ou encore la réduction du travail à 35 heures par semaine. Le service national obligatoire est supprimé à partir de 2001 au profit d'une armée de métier (→ Le service militaire p. 61). De 1997 à 2000 la conjoncture économique est plus favorable que prévu, ce qui entraîne un recul du chômage. Dès 2001 cependant, le ralentissement de la croissance inverse cette tendance.

En septembre 2000, à la suite d'un référendum, le mandat présidentiel est raccourci de 2 ans : le **septennat** fait place au **quinquennat**.

Le 1er janvier 2002, le franc est remplacé par l'euro.

Sur le plan international, la France s'engage dans le règlement du conflit yougoslave, et après les attentats du 11 septembre 2001, elle apporte son soutien à la politique américaine en Afghanistan.

Le résultat du 1er tour des présidentielles de 2002, marqué par un très fort taux d'abstention, est un choc pour toute la nation. **Lionel Jospin** n'arrive qu'en troisième place derrière **Jacques Chirac** (19,9% des suffrages) et **Jean-Marie Le Pen** (16,9%), le candidat de l'extrême droite. Tous les partis politiques, à part le FN, appellent alors à voter pour Chirac au 2e tour. Celui-ci est élu avec plus de 82% des voix, et nomme **Jean-Pierre Raffarin** comme Premier ministre.

aggraver verschlimmern, vergrößern – **se heurter à** stoßen, treffen auf – **anticipé,e** vorgezogen – **un quinquennat** fünfjährige Amtszeit – **l'abstention** *f* (Stimm-)Enthaltung.

Aux législatives, la droite réunie sous le nom d'**UMP** (Union pour la majorité présidentielle (→ p. 57) remporte la majorité absolue.
Dans les mois qui suivent, l'Europe est divisée au sujet de la question irakienne. Jacques Chirac, de même que le chancelier allemand Schröder, prennent nettement parti pour la défense de la paix et du droit international, et par conséquent contre une intervention américaine et anglaise. Cette politique lui vaut l'approbation d'une grande majorité des Français.
Sur le plan économique pourtant, la situation se détériore. Le déficit public dépasse les 3% du PIB, ce qui est contraire aux normes fixées par le pacte de stabilité européen. Le chômage est à nouveau en hausse (→ Le marché du travail, p. 93). La réaction des Français ne se fait pas attendre : aux élections régionales et cantonales de 2004, la gauche unie remporte une très large victoire.

l'approbation *f* Zustimmung – **le P(roduit) I(ntérieur) B(rut)** Bruttoinlandsprodukt – **la hausse** Ansteigen, Anziehen.

Chapitre 3 : La politique française

Qui vote ?

Toute personne qui a la nationalité française peut se faire inscrire sur les listes électorales à partir de 18 ans. La gauche a plusieurs fois annoncé qu'elle était pour le droit de vote des immigrés aux élections municipales, mais aucun projet n'a encore été présenté au Parlement.

Comment on vote

Pour les élections municipales dans les villes de moins de 3500 habitants, les cantonales, les législatives et les présidentielles, on utilise le **scrutin majoritaire** à deux tours. Le candidat qui a la majorité absolue au premier tour est élu. Si personne ne l'obtient, il faut organiser un second tour, où la majorité relative suffit. Ce système favorise les alliances entre partis.
Pour les **présidentielles**, seuls les deux candidats arrivés en tête au premier tour peuvent participer au second.
Dans les grandes villes, pour les conseils régionaux et le Parlement européen, le nombre d'élus est proportionnel au nombre de voix obtenu par une liste (**scrutin à la proportionnelle**). Depuis juin 2000, la loi sur la parité oblige les partis à présenter des listes avec 50% de femmes. Lors des européennes, l'alternance homme/femme est obligatoire du début à la fin de la liste.
Les étrangers qui viennent d'un pays de l'Union européenne et ont une résidence en France peuvent voter aux européennes et aux municipales.

L'organisation des pouvoirs (→ p. 53)

La maladie de la **IVe République** (→ p. 45) était l'instabilité politique, la France changeait trop souvent de gouvernement. Lorsque de Gaulle arrive au pouvoir en 1958, son premier souci est d'établir une nouvelle constitution garantissant la stabilité. La **Ve République** (→ p. 46) se caractérise par un régime fortement présidentiel qui est sans équivalent en Europe.
Le **président de la République** est élu pour cinq ans par l'ensemble des citoyens. Il définit les grandes orientations politiques du pays et nomme le Premier ministre. Il peut provoquer de nouvelles élections législatives par dissolution de l'Assemblée nationale.
En cas de crise grave, le Président peut, selon l'article 16 de la Constitution, avoir provisoirement les « pleins pouvoirs » (pouvoir exécutif et pouvoir législatif). Il est le chef des armées et peut seul décider de l'utilisation de l'arme nucléaire.

le scrutin majoritaire Mehrheitswahlrecht – **un tour** *ici :* Wahlgang – **le scrutin à la proportionnelle** Verhältniswahlrecht – **la parité** Gleichheit – **l'alternance** *f* Wechsel – **la dissolution** Auflösung.

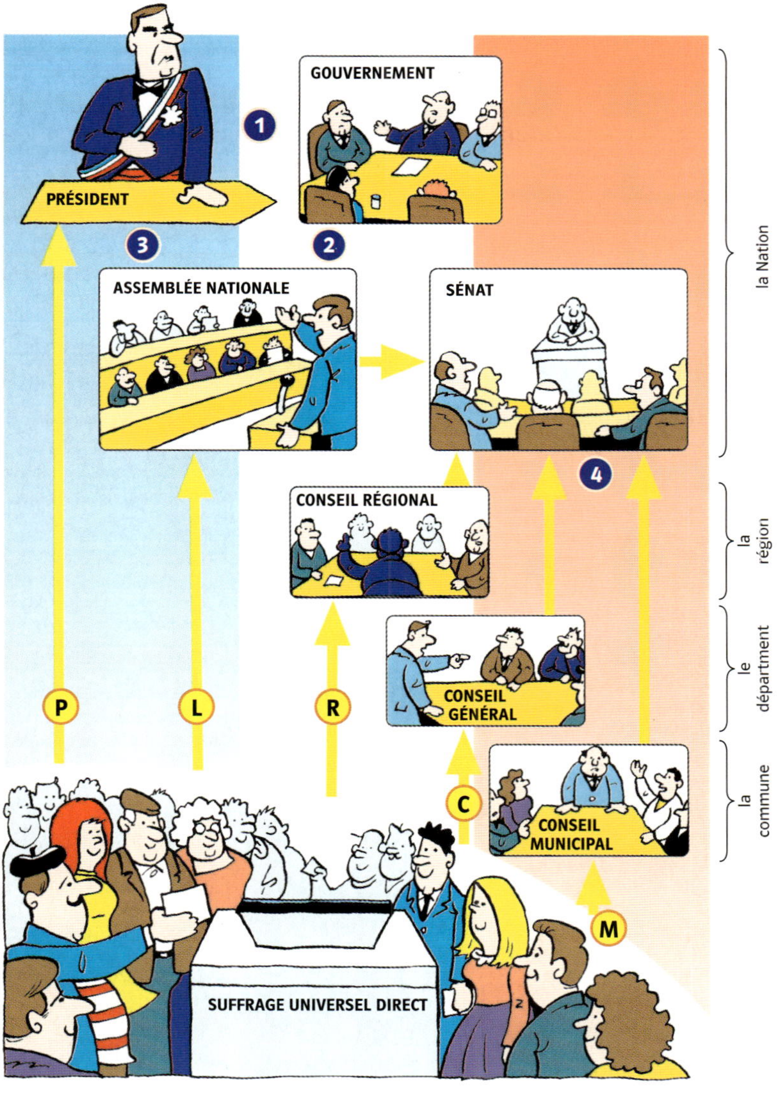

Elections
- présidentielles (P)
- législatives (L)
- régionales (R)
- cantonales (C)
- municipales (M)

1. Le Président nomme le Premier ministre, qui forme le gouvernement.
2. Le gouvernement est responsable devant l´Assemblée nationale.
3. Le président de la République peut dissoudre l´Assemblée nationale.
4. Le Sénat est élu indirectement.

La politique extérieure est traditionnellement le domaine réservé du président de la République, tandis que la politique intérieure est de la compétence du Premier ministre.
Il peut arriver que la majorité de l'Assemblée nationale n'ait pas la même tendance que le président de la République. Dans ce cas, il a le choix entre la dissolution de l'Assemblée (Mitterrand en 1988) ou la nomination d'un Premier ministre qui a la confiance du Parlement (→ La gauche au pouvoir p. 49).
Le **Premier ministre** propose au Président les ministres du gouvernement, dont il dirige la politique. Sa résidence est l'**Hôtel Matignon**. Lorsqu'une majorité de l'Assemblée nationale vote une **motion de censure** (texte contre la politique du gouvernement), le Premier ministre doit démissionner.

Le Parlement

L'**Assemblée nationale** se compose de 577 députés (555 pour la métropole et 22 pour les départements d'outre-mer (→ Les DOM-TOM p. 13), élus pour cinq ans par l'ensemble des électeurs. Elle se réunit au **Palais Bourbon**. Un minimum de 25 députés peut former un groupe parlementaire. Chaque député peut s'adresser directement à un membre du gouvernement en posant une question écrite sur les points importants de la politique du gouvernement. Les réponses se trouvent dans le **Journal officiel** de la République française, où sont publiés, entre autres,

L'hémicycle du Palais-Bourbon

une motion de censure Misstrauensantrag – **démissionner** zurücktreten – **un député** Abgeordneter – **l'hémicycle** *m* Halbkreis; *ici :* l'Assemblée nationale.

les lois et divers textes administratifs. Une fois par semaine les députés peuvent poser des questions orales à un ministre, qui doit répondre directement (avec ou sans débat).
Le **Sénat** se compose de 321 sénateurs, élus pour neuf ans par les « grands électeurs », à savoir les députés, les conseillers régionaux et généraux et des délégués des conseillers municipaux dans chaque département. L'Assemblée nationale et le Sénat forment le Parlement.

Le vote des lois

L'initiative d'une loi appartient à un membre du gouvernement (**projet de loi**) ou du Parlement (**proposition de loi**).
L'Assemblée nationale fait la première lecture. Elle peut accepter, refuser ou modifier le texte proposé. Le Sénat peut à son tour accepter, refuser ou corriger. Quand il n'est pas d'accord avec l'Assemblée nationale, une commission paritaire mixte (députés et sénateurs) recherche un compromis, qui est alors publié au Journal officiel.

Le référendum

Le président de la République peut s'adresser directement aux citoyens pour faire voter une loi, s'il s'agit d'une modification de la Constitution, ou d'un changement du statut du territoire national. En 1992, le **traité de Maastricht** a été ratifié avec une courte majorité de 51% de « oui ». En 2000, les électeurs ont accepté à 73% la réduction de la durée du mandat du président de la République à cinq ans.
Parfois, le référendum se transforme en plébiscite pour ou contre le président de la République, comme en 1969 (→ Le départ du Président p. 47).

Les partis politiques

La Constitution garantit la liberté de créer des partis politiques.
Voici les principaux partis français, de l'extrême gauche à l'extrême droite :

Lutte ouvrière (Union communiste internationaliste)

Lutte ouvrière est un parti révolutionnaire d'extrême gauche qui défend les intérêts de la classe ouvrière. Aux élections présidentielles de 2002, sa représentante Arlette Laguiller, candidate pour la cinquième fois, obtient plus de 5% des voix.

à savoir nämlich – **paritaire** paritätisch – **le référendum** Volksbefragung – **ratifier** ratifizieren – **le mandat** Amtszeit – **un plébiscite** Volksentscheid.

Le Parti communiste français (PCF)

Fondé en 1920, le parti communiste français est très proche du Kremlin pendant la période stalinienne. Le **PCF** participe activement à la **Résistance** pendant la Seconde Guerre mondiale et joue un rôle important dans les premières années d'après-guerre (→ La Résistance p. 45). Sous la Cinquième République, la société française se transforme et le parti perd progressivement de son influence. En 1969, son candidat obtient 21,5% des voix à l'élection présidentielle, en 2002 seulement 3,3%.

De 1972 à 1978, les communistes acceptent une alliance avec les socialistes (le « programme commun »). En 1994, ils forment avec les socialistes et les Verts la « **gauche plurielle** ». Les communistes hésitent aujourd'hui entre une alliance stratégique avec les socialistes et une radicalisation pour résister à la concurrence de l'extrême gauche. Le journal du PCF est l'**Humanité.**

Le Parti socialiste (PS)

Héritier de la **SFIO** (Section française de l'Internationale ouvrière), le parti socialiste (**PS**) a été créé en 1971, à l'initiative de François Mitterrand. Avec les communistes et les Verts, le PS participe au gouvernement entre 1997 et 2002 sous la conduite du Premier ministre **Lionel Jospin**, alors que Jacques Chirac est président de la République (cohabitation) . En avril 2002, Lionel Jospin arrive troisième derrière Jean-Marie Le Pen (Front national) au premier tour des élections présidentielles. Au deuxième tour, les socialistes appellent à voter Chirac pour empêcher l'arrivée de l'extrême droite au pouvoir. Dans l'opposition depuis 2002, le parti remporte en mars 2004 un succès aux élections régionales : 20 régions sur 22 en France métropolitaine sont dirigées par un socialiste (l'Alsace et la Corse font exception). A l'Assemblée nationale, le PS a 140 députés.

Le parti socialiste accepte l'économie de marché, mais demande un renforcement et une défense du service public, des protections sociales en particulier contre les licenciements. Pour les conflits dans le monde, il préfère une solution internationale.

Les Verts

Le parti des Verts est fondé en janvier 1984. En 1988, son candidat aux élections présidentielles obtient plus d'un million de voix (3,78%). Aux élections européennes de juin 1989, le parti écologique dépasse 10% et a 9 élus. En 1995, les Verts décident une alliance avec les partis de gauche pour les législatives. En 1997, Dominique Voynet, ministre de l'Environnement, participe au gouvernement de Lionel Jospin. Aux présidentielles

le Kremlin Kreml *(in Moskau)* – **se transformer** sich verändern – **l'héritier** *m* Erbe – **remporter un succès** einen Erfolg erringen – **l'exception** *f* Ausnahme – **le licenciement** Entlassung.

de 2002, leur candidat obtient 5,25% des voix. Deux courants s'opposent dans le **mouvement écologiste**, les uns acceptent une alliance avec le parti socialiste, d'autres y sont opposés.
Les Verts sont contre l'énergie nucléaire, défendent l'environnement et une agriculture biologique, soutiennent les minorités, demandent une amélioration du service public, le droit de vote pour les étrangers, une Europe fédérale et des aides pour le transport ferroviaire et fluvial.

L'Union pour un Mouvement Populaire (UMP)

Fondée en novembre 2002, l'**UMP** veut rassembler les gaullistes (ancien **RPR**) et les libéraux (Démocratie libérale et une partie de l'**UDF**). Elle a été créée à l'occasion des élections présidentielles pour soutenir l'action de **Jacques Chirac**. Après l'élection de celui-ci à la présidence de la République, le parti dépasse la majorité absolue avec 356 sièges aux législatives de 2002.
Fidèle à la tradition gaulliste, l'UMP est pour une Europe des nations et une France active dans le monde. Libérale, elle est pour la privatisation dans tous les secteurs et favorise la compétitivité des entreprises par des allègements fiscaux. Les réformes entreprises par le Premier ministre **Jean-Pierre Raffarin** (retraites, assurance chômage, assurance maladie) ne sont pas très populaires, et le parti connaît une défaite aux élections régionales de 2004.

L'Union pour la Démocratie française (UDF)

L'**UDF** est un parti de centre droit dont l'action se situe dans la tradition de la démocratie chrétienne. Il a été fondé en 1978 par Valéry **Giscard d'Estaing**, président de la République de 1974 à 1981, qui voulait faire un grand parti centriste rassemblant deux Français sur trois. Aux présidentielles de 2002, François Bayrou obtient 7% des voix. Lors de la création de l'UMP en 2002, le parti se divise. François Bayrou prend la tête de ceux qui refusent un parti unique de la droite. Aux législatives de juin 2002, l'UDF a 27 députés. Aux européennes de 2004, la liste UDF obtient 12 % et 11 députés. Très européenne, l'UDF est une alliée critique de l'UMP (sous les gouvernements Raffarin à partir de 2002) qui veut garder son indépendance.

Le Front national (FN)

Fondé en octobre 1972 par **Jean-Marie Le Pen**, le Front national a régulièrement progressé. Depuis 1988, le mode de scrutin empêche la représentation du parti à l'Assemblée nationale, aucun parti n'acceptant de faire alliance avec lui au deuxième tour des législa-

le courant Strömung – **la minorité** Minderheit – **une amélioration** Verbesserung – **à l'occasion de** anlässlich – **la compétitivité** Konkurrenzfähigkeit – **l'allègement fiscal** Steuererleichterung – **rassembler** vereinigen – **le mode de scrutin** Wahlmodus.

tives. Dans les années 80, le **FN** gagne quelques mairies dans le Midi de la France (Orange, Carpentras, Toulon, Marignane). En avril 2002, la surprise est l'arrivée de Jean Marie Le Pen en deuxième position au premier tour des présidentielles, devant le socialiste Lionel Jospin. Les régionales de 2004 confirment la présence du parti dans le paysage politique français. Il obtient ses meilleurs résultats en Provence-Alpes-Côte d'Azur et en Picardie (23%) ainsi qu'en Champagne-Ardenne (20%). Nationaliste et xénophobe, le FN s'oppose à la gauche et à une droite trop libérale, il est très lié aux autres partis nationalistes et populistes européens. Il progresse dans les régions les plus menacées par le chômage et l'insécurité.

Région, département et commune (→ p. 12)

La région

Depuis 1982, le pouvoir exécutif a entrepris une **décentralisation**. Il s'agit d'un transfert des compétences de l'Etat vers la région, le département ou la commune.
Le **Préfet de région** est le représentant de l'Etat, il coordonne l'action des organismes régionaux. Le **conseil régional** est élu tous les six ans au suffrage universel. Il a des compétences dans les domaines de l'enseignement (lycées), de la formation professionnelle, des transports et de l'aide sociale. Il peut aider les entreprises qui veulent s'installer dans la région ou encore s'occuper des parcs naturels et de l'environnement.

Le département

Il a à sa tête un **conseil général**. Les conseillers généraux sont élus pour six ans par l'ensemble des électeurs des **cantons** qui forment le département.
Le conseil général s'occupe des services et du personnel du département, de certaines routes, des transports scolaires, de la construction et de l'entretien des collèges (→ Les jeunes et l'école p. 66) et de l'aide sociale. Il est aussi responsable de la sécurité des habitants (par exemple lutte contre l'incendie).

La commune

Les électeurs de la commune choisissent un **conseil municipal** pour six ans. Les conseillers municipaux élisent un **maire**.
Comme les régions et les départements, la commune est aussi responsable de la construction et de l'entretien des rues et de leur éclairage. De plus, elle s'occupe par exemple des terrains de sport, de la salle des fêtes, éventuellement des hôpitaux ou des maisons de retraite. Le fonctionnement des écoles primaires est aussi sous la responsabilité des communes.

confirmer bestätigen – **xénophobe** fremdenfeindlich – **un transfert** Übergang, Übertragung – **s'installer** *ici :* sich niederlassen – **l'entretien** *m* Unterhaltung – **l'incendie** *f* Brand – **l'éclairage** *m* Beleuchtung – **une maison de retraite** Altersheim.

Le maire enregistre les naissances, les mariages et les décès. Il est officier de police judiciaire et fait respecter l'ordre. Représentant de l'Etat, il doit donner des informations officielles aux citoyens. Il accorde les permis de construire dans la commune et organise les élections.
Les communes françaises sont parfois très petites (moins de cent habitants) et doivent alors se grouper en « syndicat intercommunal » pour les problèmes d'eau, de transports, de collecte des ordures. Les grandes villes forment souvent avec les communes de leur banlieue un « district urbain », en particulier pour améliorer le réseau de transports collectifs.
La ville de Paris a un conseil municipal, mais aussi, dans chacun des vingt arrondissements, un **conseil d'arrondissement** avec un maire.

Justice et police

La Justice

En cas de conflit avec une autre personne civile, ou pour régler un différend mobilier, il faut s'adresser au **tribunal d'instance**.
Si quelqu'un conduit après avoir bu trop d'alcool (plus de 0,50 g d'alcool par litre de sang), s'il provoque un accident, s'il se bat avec d'autres personnes dans la rue, il peut être jugé par le **tribunal de police**. Les sanctions : il paie une somme de 4500 euros au maximum (**amende**), ou il va en prison (jusqu'à deux mois).
Pour des délits plus graves, on se retrouve devant le **tribunal correctionnel**, qui prononce des peines plus lourdes. La **cour d'assises** juge les crimes ; elle est composée d'un président, de deux magistrats et de neuf jurés ; ces derniers sont tirés au sort parmi les citoyens de plus de 23 ans. La cour de cassation juge les contraventions, délits ou crimes. En dernière instance, elle peut annuler le jugement d'une autre cour de justice.
La **peine de mort** a été supprimée en 1981.

Les forces de police

La **Police nationale** comprend l'ensemble des services de police de l'Etat. Elle est placée sous l'autorité du ministère de l'Intérieur.
Les « Compagnies républicaines de sécurité » (**CRS**) sont des unités mobiles de la Police nationale qui interviennent sur ordre du Préfet. Les CRS sont chargées du maintien de l'ordre, de la police des autoroutes et de la police générale. Elles surveillent aussi les plages et la montagne, et sauvent des vies.

un décès Sterbefall – **la police judiciaire** Kriminalpolizei – **la collecte des ordures** Müllabfuhr – **un différend mobilier** Streitsache im Güterrecht – **le tribunal d'instance** Amtsgericht – **le tribunal de police** Polizeigericht – **une sanction** Strafe – **une amende** Geldstrafe – **le tribunal correctionnel** Strafkammer – **la cour d'assises** Schwurgericht – **tirer au sort** auslosen – **la cour de cassation** Kassationsgericht – **une contravention** Verstoß gegen die Straßenverkehrsordnung.

La **Police judiciaire** recherche les criminels, arrête les suspects, qu'elle peut garder deux jours à la disposition de la justice (garde à vue).
Des services spéciaux comme les Renseignements Généraux (les RG), la Direction de la surveillance du territoire (DST, contre les espions), et la Police de l'air et des frontières complètent l'action de la police.
La **Gendarmerie nationale** dépend du ministère de la Défense. Elle contrôle en particulier la circulation des véhicules, recherche des disparus ou des criminels, fait des enquêtes, mais elle comprend aussi des unités spécialisées comme par exemple la « Garde républicaine » qui garantit la sécurité dans la capitale.
Dans les grandes villes, la police nationale est aidée par la **Police municipale**, qui a un rôle surtout administratif. Des **contractuels** surveillent le stationnement.
Dans les petits villages, un **garde champêtre** fait res-pecter les règlements administratifs.

Les contrôles

Dans la rue, un policier peut contrôler l'identité de toute personne. La **Carte Nationale d'Identité** n'est pas obligatoire, mais, si quelqu'un n'a pas de papiers sur lui, il risque de se retrouver au **commissariat de police**, pour vérification d'identité. Cela ne doit pas durer plus de quatre heures.
A un automobiliste, la police peut demander la **carte grise**, qui prouve que la voiture lui appartient, le certificat d'assurance ou **carte verte** et le **permis de conduire**. Depuis juin 2003, les débutants obtiennent un permis provisoire à 6 points. Au bout de deux ans, on leur accorde le permis définitif à 12 points. Le taux d'alcoolémie toléré au volant est de 0,5 grammes par litre de sang. Entre 0,5 et 0,8 grammes, 6 points sont enlevés du permis.
En cas d'accident seulement matériel entre deux voitures, les conducteurs ont l'habitude de faire un **constat à l'amiable**, que chacun envoie à son assurance. La police ne fait en général un constat que lorsqu'il y a des morts ou des blessés.
A la suite de contrôles plus fréquents et plus sévères et de campagnes pour la sécurité routière (« boire ou conduire, il faut choisir »), le nombre d'accidents mortels en France a diminué d'un tiers entre 1990 et 2000.

La défense nationale

Les compétences

Le président de la République garantit l'indépendance nationale, il est le chef des Armées et nomme les officiers des Armées de terre, de mer et de l'air ainsi que de la gendarmerie.

un suspect Verdächtiger – **la garde à vue** Gewahrsam – **un contractuel** städtischer Vollzugsbeamter – **un garde champêtre** Feldhüter – **la carte grise** Kraftfahrzeugschein – **la carte verte** grüne Versicherungskarte – **le taux d'alcoolémie** Blutalkoholspiegel – **un constat à l'amiable** Unfallbericht an die Versicherung.

Le Premier ministre définit la politique de Défense de la France. Le ministre de la Défense est responsable du fonctionnement des Armées. Le Ministre de l'Intérieur a pour mission la protection civile.

Les armes et la politique de défense

La France a des armes nucléaires et des forces conventionnelles. Le principe de la politique de défense peut se résumer par l'image du « parapluie nucléaire ». L'arme nucléaire est seulement un moyen de défense et a pour but d'empêcher une agression par peur des représailles.
La France a commencé les essais de bombe nucléaire en 1960 au Sahara et les a poursuivis à partir de 1975 sous terre, sur l'atoll de Mururoa, dans le Pacifique. Alors que François Mitterrand avait arrêté les essais nucléaires, Jacques Chirac décide de les reprendre en 1995. Malgré une forte opposition internationale, la France réalise une dernière série de tests en Polynésie en 1996, avant de signer le 26 septembre le traité d'interdiction totale des essais nucléaires.
Parmi les forces conventionnelles, la **Force d'action rapide** (FAR) est spécialisée pour intervenir rapidement partout dans le monde.

Le service militaire

En 1997, à l'initiative de Jacques Chirac, une loi a mis fin au service militaire obligatoire, la France a depuis janvier 2001 une armée de métier. Le nombre d'hommes et de femmes portant l'uniforme est passé de 500 000 en 1996 à 350 000 en 2002.

La France dans l'OTAN (→ Le rôle de la France dans le monde p. 110).

un parapluie Regenschirm – **une armée de métier** Berufsheer – **l'OTAN** Nato.

Chapitre 4 : Société

Développement et tendances de la société française au XXe siècle

La construction de la **Tour Eiffel** marque l'entrée de la France dans l'ère industrielle, celle du fer, de l'acier et de l'électricité (→ Haussmann et le Paris du XIXe siècle p. 25).
Les débuts du XXe siècle connaissent beaucoup de conflits sociaux. A partir de 1906, Georges Clémenceau, chef de la gauche radicale et ministre de l'Intérieur (1906-09), doit faire face à la colère des producteurs de vin du Midi et à la campagne révolutionnaire de la **CGT** (Confédération générale du travail ; → Les syndicats p. 92). Ce syndicat demande la journée de huit heures, qui ne sera acceptée qu'en 1919.
La loi sur la **séparation de l'Eglise et de l'Etat** (1905 ; → La IIIe République p. 42) est basée sur le principe de la **laïcité**. L'Etat garantit la liberté de religion, mais il reste neutre envers les Eglises. L'enseignement public en particulier doit respecter cette neutralité (pas d'enseignement religieux intégré dans les programmes scolaires).
De 1919 à 1939 : la population stagne, la société semble bloquée, le style des grands patrons de l'industrie reste le plus souvent autoritaire. L'**ouvrier spécialisé (OS)**, qui malgré son nom n'a pas de qualification, a un travail monotone et sa situation ne change pas.
La baisse des revenus, conséquence de la crise économique des années 30, provoque une révolte des paysans, puis des classes moyennes. Après la victoire du **Front populaire** (→ L'« Entre-deux-guerres » p. 43), une série de grèves éclate : les travailleurs espéraient trop d'un gouvernement de gauche et ils ont été déçus.
Le **gouvernement de Vichy** (→ La France occupée p. 43): le maréchal Pétain, qui a choisi la collaboration avec Hitler, rêve d'une France conservatrice, agricole, dont la devise est : Travail, Famille, Patrie.
L'**après-guerre** : l'esprit de la **Résistance** (→ p. 45) a permis à des communistes et à des gaullistes de travailler ensemble. Cet esprit se retrouve dans les réformes sociales de 1944 à 46. Des secteurs importants (énergie, banques, assurances) sont nationalisés. Electricité de France (EdF), Gaz de France (GdF), les Charbonnages de France (CdF) sont créés. Les femmes obtiennent le droit de vote. La **Sécurité sociale** (→ La santé p. 70) est instituée.
Les « **Trente Glorieuses** » : de 1945 à 1975, la France connaît trente ans de progrès économique, technique et social. Le pourcentage de ménages ayant une voiture, un téléviseur, un lave-linge, augmente de manière constante. On recherche le bien-être pour tous.

une ère Zeitalter – **l'acier** *m* Stahl – **la laïcité** religiöse, konfessionelle Neutralität – **un ouvrier spécialisé** Hilfsarbeiter – **une baisse** Rückgang – **le revenu** Einkommen – **un lave-linge** Waschmaschine – **le bien-être** Wohlstand.

En 1950 est créé le **SMIG** (salaire minimum interprofessionnel garanti), fixé par l'Etat et qui suit l'évolution des prix à la consommation.
La « société de consommation » est admirée ou critiquée, comme en Allemagne. Les jeunes cherchent une alternative à une société qui semble basée sur la hiérarchie et l'autorité. Cela conduit à l'explosion sociale de **mai 1968**. Le général de Gaulle, président de la République, est confronté à un large mouvement de protestation des étudiants et des travailleurs (⟶ La politique intérieure p. 47). Georges Pompidou, Premier ministre, doit trouver un compromis avec les syndicats (**accords de Grenelle**) : augmentation des salaires, réduction du temps de travail, droits syndicaux dans l'entreprise.
Jacques **Chaban-Delmas**, Premier ministre du Président Georges **Pompidou** (⟶ L'après-gaullisme p. 48), essaie d'intégrer dans son projet de « **nouvelle société** » quelques idées de mai 1968 : participation des travailleurs à la vie des entreprises, dialogue entre les groupes sociaux.
En 1970, le **SMIG** est remplacé par le **SMIC** (salaire minimum interprofessionnel de croissance) : pour une heure de travail, il y a un minimum absolu.
Les difficultés économiques : la crise pétrolière provoque à partir de 1974, en France comme en Allemagne, la montée du chômage. Le rôle de l'Etat, qui intervient par des subventions massives aux secteurs en difficulté, est renforcé (⟶ Le marché du travail p. 93).
Les années 80 sont marquées par des peurs : peur du chômage (⟶ Le marché du travail p. 93), de l'immigration, de la criminalité, peur de perdre des avantages sociaux comme la Sécurité sociale (⟶ La santé p. 70) ou la retraite.
Les priorités des années 90 sont : la lutte contre le chômage et l'exclusion, surtout dans les banlieues, la réduction des déficits publics et de la sécurité sociale, et une meilleure adaptation de la formation des jeunes au marché du travail.
Depuis 1993, l'Etat réduit sa participation dans les entreprises publiques. La **privatisation** touche presque tous les secteurs : banques, assurances, automobile, télécommunications, transports. La part de l'Etat dans Electricité de France, Gaz de France, les sociétés d'autoroute, Aéroports de Paris diminue également.

Structures et problèmes de la société française moderne

Catégories socio-professionnelles

Comme tous les pays industriels, la France voit le nombre de ses agriculteurs diminuer et celui des employés augmenter (⟶ Le marché du travail p. 92). Depuis 1983, l'**INSEE** (Institut National de la Statistique et des Etudes Economiques) distingue

la société de consommation Konsumgesellschaft – **renforcer** stärken – **l'exclusion** *ici :* gesellschaftliche Ausgrenzung – **la formation** Ausbildung.

dans ses statistiques huit catégories socio-professionnelles, classées d'après l'activité du chef de famille :
- Agriculteurs
- Artisans, commerçants, chefs d'entreprise
- Cadres, professions intellectuelles supérieures
- Professions intermédiaires
- Employés
- Ouvriers
- Retraités (→ Le « Troisième Age » p. 71)
- Autres personnes sans activité professionnelle.

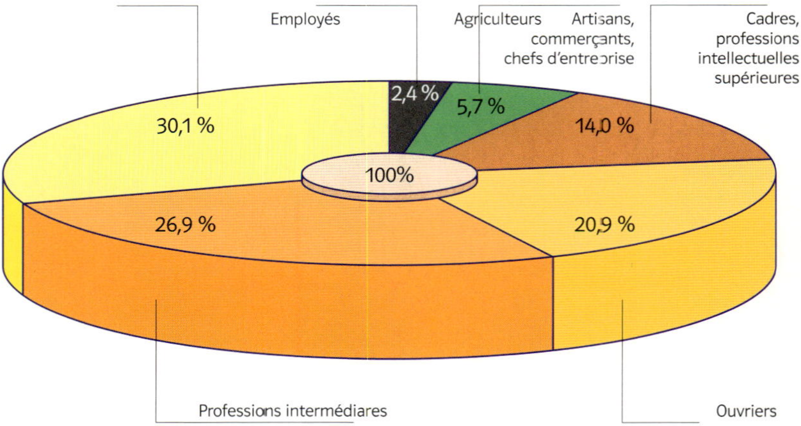

Répartition de la population par catégorie socioprofessionelle (INSEE, 2002)

Les agriculteurs

Le nombre d'agriculteurs ne cesse de diminuer, ils représentaient 2,4% de la population active en 2002, contre 10% en 1975. La politique agricole commune de l'Union européenne favorise la concentration des exploitations agricoles. Sur 610 000 agriculteurs en 2002, plus de la moitié travaillaient dans de grandes exploitations. Les agriculteurs français craignent la concurrence des nouveaux pays entrés dans l'Union, où les salaires sont plus bas (→ Economie p. 79).

Les artisans, commerçants, chefs d'entreprise

Les **artisans** travaillent surtout dans les métiers du bâtiment, de la réparation automobile et de l'alimentation. Leur nombre diminue régulièrement, et ils se re-

la population active erwerbstätige Bevölkerung – **l'exploitation agricole** *f* Landwirtschaftsbetrieb – **craindre** fürchten – **le bâtiment** Baugewerbe.

groupent en sociétés artisanales. En 2002, il y avait plus de 800 000 entreprises artisanales en France.
Le **commerçant** a le temps de travail le plus long. La concentration du commerce dans les « grandes surfaces » (super- et hypermarchés) a provoqué le départ de beaucoup de petits commerçants, qui se retrouvent parfois employés chez leurs concurrents.
Lorsque les entreprises ont plus de dix salariés, leurs directeurs entrent dans la catégorie des **chefs d'entreprises**. Ils ne sont pas très nombreux (un peu plus de 110 000), ils sont assez âgés, et près de la moitié ont au moins le bac. Peu de femmes exercent ce métier.

Les cadres et professions intellectuelles supérieures

Les **cadres** sont des employés ayant un poste à haute responsabilité. Ceux qui travaillent dans le secteur privé gagnent en général plus que leurs collègues du public. Leur salaire est en moyenne quatre fois celui d'un ouvrier non qualifié.
Le nombre de personnes exerçant une **profession libérale** (avocat, médecin, etc.) a augmenté de 30% entre 1982 et 1990, de 15% entre 1990 et 1999. La part des femmes est en progression constante et représente plus d'un tiers du total.

Les professions intermédiaires

On les appelle aussi les classes moyennes. On distingue les « cols blancs » (services) et les « cols bleus » (industrie). Ce sont par exemples des responsables de l'organisation et de la vente ou des techniciens (la catégorie socioprofessionnelle la plus jeune). Ils ont un salaire moyen, entre les cadres et les employés.

Les employés

C'est la catégorie où il y a le plus de femmes (plus de trois quarts des employés).
Plus de la moitié des employés vivent dans les grandes villes. Le salaire dépend du niveau d'études. Le nombre d'employés a fortement progressé jusqu'en 1990, plus lentement depuis cette date. La progression la plus forte est enregistrée dans le secteur de la sécurité et dans les services aux particuliers.

Les ouvriers

Quatre sur cinq sont des hommes. La plupart habitent une commune à la campagne, mais pas très loin de la ville.
Les ouvriers sont en général nés dans un milieu ouvrier ou agricole. Peu d'enfants d'ouvriers font des études universitaires.
Il y a une grande différence entre les ouvriers qualifiés, qui bénéficient souvent de la sécurité de l'emploi, et les non qualifiés, qui ont des postes précaires (ce sont surtout les jeunes, les femmes et les immigrés).

une grande surface Großmarkt – **les services** *f ici :* Dienstleistungsgewerbe – **les services** *m* **aux particuliers** Dienstleistungen an Privatpersonen – **bénéficier de** profitieren von – **précaire** unsicher.

Les jeunes dans la société française

Les jeunes et l'école

L'école est obligatoire de six à seize ans. Presque tous les jeunes enfants vont cependant dès deux ans à **l'école maternelle**, financée par l'Etat.

Avant l'âge de deux ans, l'enfant peut être mis dans une **crèche**, si les parents ont la chance d'y trouver une place.

A six ans commence l'**école élémentaire** (appelée aussi **école primaire**), qui dure en moyenne cinq ans.

Ensuite il y a pour tous le **collège** (l'ancien **CES**, collège d'enseignement secondaire) pendant quatre ans. A la fin du collège, en classe de troisième, c'est l'orientation vers l'apprentissage, le lycée classique, qui conduit au baccalauréat, ou le lycée d'enseignement professionnel (**LEP**), qui prépare au baccalauréat professionnel, au **CAP** (Certificat d'aptitude professionnelle) ou au **BEP** (Brevet d'études professionnelles).

Après le baccalauréat, les élèves peuvent s'inscrire à l'**université**; les meilleurs d'entre eux peuvent aller dans une classe qui prépare aux **grandes écoles** (→ *voir ci-dessous*). Ils feront partie de l'élite politique et économique qui dirige la France.

Les étudiants qui ne veulent pas faire des études trop longues peuvent s'inscrire dans un **IUT** (Institut universitaire de technologie), qui prépare en deux ans à des diplômes techniques, appréciés sur le marché du travail.

L'Etat recrute le personnel, les régions s'occupent de la construction et de l'entretien des lycées, les collèges dépendent des départements, les communes sont responsables du fonctionnement des écoles primaires.

Les grandes écoles

Une des plus connues est **l'ENA**, **Ecole Nationale d'Administration**, passage presque obligé pour les hauts fonctionnaires. Environ un tiers des postes de la haute fonction publique est occupé par des anciens élèves de l'ENA, parmi lesquels on trouve Jacques Chirac, Laurent Fabius, Valéry Giscard d'Estaing, Michel Rocard, Edouard Balladur, Alain Juppé (→ La Ve République p. 46). L'ENA compte en moyenne 160 élèves par an. Dans le cadre de la décentralisation (→ La égion p. 58), l'école a été transférée à Strasbourg en 1992.

Les **Ecoles Normales Supérieures (ENS)** sont responsables de la formation de professeurs et chercheurs en lettres, sciences et sciences économiques. L'entrée se fait sur concours, après deux ans de cours préparatoire.

une crèche *ici :* Kinderkrippe – **le brevet** Abschlusszeugnis am Ende der 3e – **IUT** (Institut universitaire de technologie) *entspricht einer Fachhochschule* – **apprécier** würdigen, schätzen – **l'entretien** *m* Unterhaltung – **un concours** *ici :* Aufnahmewettbewerb – **préparatoire** Vorbereitungs-.

Le système scolaire français

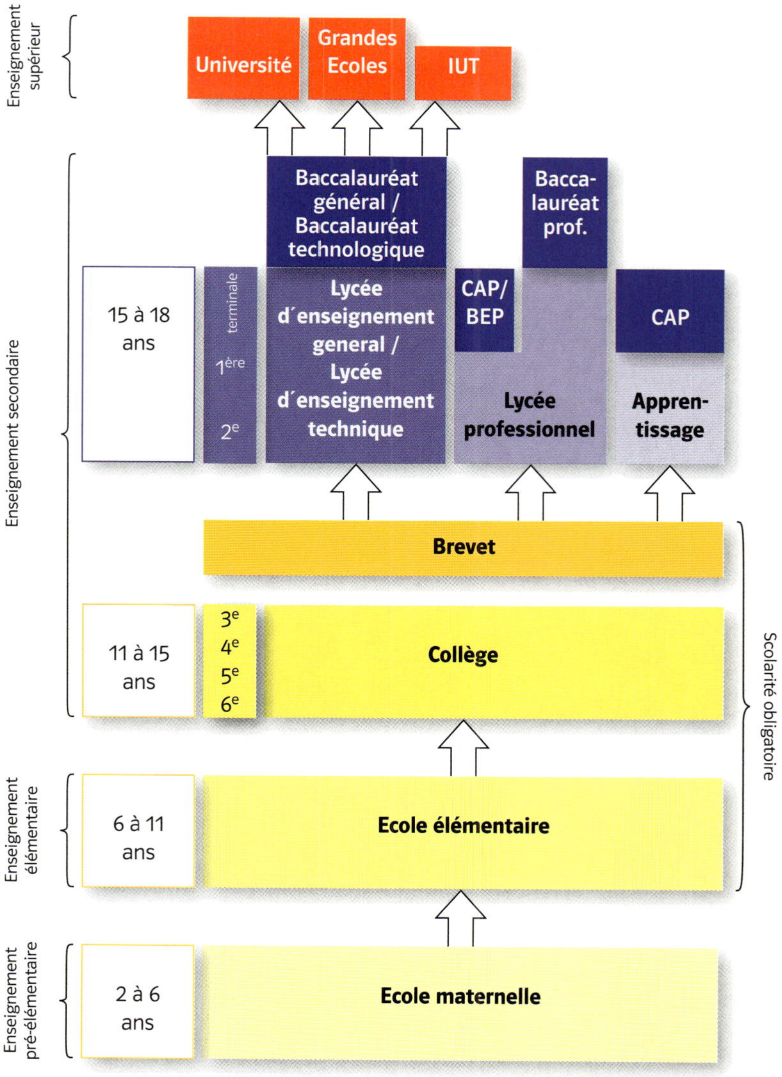

L'**Ecole Polytechnique**, aussi appelée **X**, forme depuis 1794 des hommes de science de haut niveau. Les jeunes filles y sont acceptées depuis 1972.
L'**Ecole Centrale Paris (ECP)** est spécialisée dans la formation d'ingénieurs de haute culture générale. Au concours d'entrée, il y a en moyenne sept mille candidats pour trois cents places. L'**Ecole de Saint-Cyr** est réservée aux futurs officiers de l'Armée de Terre.
Les cadres et chefs d'entreprises reçoivent une formation de haut niveau à l'**Ecole des Hautes Etudes Commerciales (HEC)**, ou dans les **Ecoles Supérieures de Commerce (ESC** Paris, Lyon).
Enfin, des ingénieurs spécialisés dans certains domaines sortent de plusieurs autres grandes écoles : Ecole Supérieure d'Electricité ou Supélec, Ecole Nationale des Ponts et Chaussées, Ecole des Mines de Paris, Nancy et Saint-Etienne, Ecole Nationale Supérieure de Chimie, etc.

Les jeunes et l'emploi

Le taux de **chômage** est plus élevé chez les jeunes entre 15 et 29 ans que dans le reste de la population (17% contre 10% en 2003).
En règle générale, la situation de l'emploi chez les jeunes réagit très vite aux modifications sur le marché de l'emploi : nette amélioration jusqu'en mars 2001, puis détérioration depuis cette date. Un jeune sur deux occupe un emploi à durée déterminée (7% pour les adultes).
L'Etat donne des aides aux entreprises qui embauchent des jeunes. Le contrat « **emploi jeunes** » leur permettait de ne pas payer de charges sociales pendant deux ans. Il est progressivement remplacé par le « contrat d'insertion dans la vie sociale » (**CIVIS**), qui dure trois ans et prévoit obligatoirement une formation, la rémunération étant inférieure au SMIC. L'Etat paie une partie des cotisations sociales.

Les jeunes et la famille

Par suite de l'allongement des études et des difficultés à trouver un emploi, les jeunes habitent de plus en plus longtemps chez leurs parents. Les jeunes femmes quittent la maison familiale vers 21 ans, les hommes vers 24 ans.
De plus en plus de parents et grands-parents aident financièrement les jeunes pour les études, le logement, les meubles, la voiture ou les vacances.

Les loisirs des jeunes

Parmi les loisirs favoris des jeunes lycéens et collégiens français, on trouve les sorties entre amis, le cinéma, les activités sportives, les jeux, la télévision, Internet,

net,te deutlich – **la détérioration** Verschlechterung – **à durée déterminée** befristet – **embaucher** einstellen – **les charges sociales** Sozialbeiträge – **l'insertion** *f* Eingliederung – **une formation** Ausbildung – **la rémunération** Entlohnung – **une cotisation** Beitrag – **l'allongement** *f* Verlängerung, Ausdehnung.

la communication par téléphone ou courrier électronique, la radio et le shopping. Neuf jeunes sur dix vont régulièrement au cinéma, huit sur dix regardent la télévision tous les jours, la moitié utilise souvent Internet. L'intérêt pour les jeux électroniques diminue avec l'âge. Les jeunes sont de moins en moins nombreux à lire régulièrement. Ils communiquent volontiers par SMS. Quatre jeunes Français sur cinq ont un portable. Environ 60% des jeunes font régulièrement du sport. Parmi eux, la moitié fait partie d'un club.

La femme dans la société française

La femme au travail

En 2002, 63% des femmes françaises entre 15 et 64 ans travaillent ou cherchent un emploi. Ce chiffre se situe dans la moyenne européenne. Les femmes sont plus nombreuses dans les domaines de l'éducation, du social, de la santé et dans l'administration. L'informatique, le bâtiment et l'industrie par contre emploient surtout des hommes.

Le taux de chômage des femmes est un peu plus élevé que celui des hommes. Des lois sur la parité tentent de lutter contre les discriminations professionnelles, que ce soit à l'embauche ou en ce qui concerne encore la rémunération. Globalement, le salaire féminin est inférieur d'un quart à celui des hommes, bien que la qualification féminine ait augmenté. Un quart seulement des postes de cadres est occupé par une femme.

La **loi sur la parité** de juin 2000 oblige les partis à avoir 50% de candidates aux élections législatives (La politique française p. #). A l'Assemblée nationale, les femmes occupent 71 sièges (12%) en 2004. Un maire sur dix est une femme. Dans les élections à la proportionnelle, l'alternance homme/femme est obligatoire sur les listes.

La maternité

Le **taux de fécondité** en France est de 1,9 enfants par femme, c'est le plus élevé de l'Union européenne avec celui de l'Irlande. Le **congé de maternité** peut durer de 10 à 46 semaines, selon la situation de la mère. Le licenciement pendant la grossesse et quatre semaines après une naissance est interdit. Le père et la mère ont droit à un **congé parental d'éducation** pendant trois ans : ils ne sont pas payés, mais gardent leur emploi. Une **prime de naissance** pouvant aller de 300 à 950 € est versée aux jeunes parents. La naissance du deuxième enfant donne droit à des **allocations familiales** pendant dix-huit ans. Le système fiscal français favorise les familles.

un courrier électronique E-Mail – **un portable** Handy – **tenter** versuchen – **l'embauche** *m* Einstellung – **le taux de fécondité** Fruchtbarkeitsrate – **un licenciement** Entlassung – **la grossesse** Schwangerschaft – **le congé parental d'éducation** Erziehungsurlaub – **une prime** Prämie – **verser** ausbezahlen – **les allocations familiales** Kindergeld – **fiscal** Steuer-.

Une femme qui exerce une activité professionnelle a droit à une réduction d'impôts pour payer les frais de garde de son enfant ou le salaire d'une employée à domicile.
Enfin, une femme qui élève seule son enfant et dont les revenus ne sont pas suffisants a droit pendant trois ans à une **allocation de parent isolé**.
L'**interruption volontaire de grossesse** (**IVG**) est légale en France depuis 1974. En 2002, près de 206 000 IVG ont été pratiquées en France.

La santé

Depuis 1978, tous les Français bénéficient de la **Sécurité sociale**, qui est financée en partie par les entreprises, en partie par les salariés. Elle a pour but de protéger les individus et les familles contre certains risques sociaux (par exemple maladie et invalidité). Le malade paie le médecin et les médicaments et se fait ensuite rembourser. A la pharmacie, il peut ne payer que la partie non remboursée.
Le malade a le choix entre le médecin généraliste, l'hôpital public et la clinique privée. Les médecins spécialistes qui travaillent à l'hôpital peuvent y recevoir leur clientèle personnelle.
Les grands hôpitaux disposent d'un service spécialisé qui intervient rapidement : le **SAMU** (Service d'aide médicale d'urgence). Il fonctionne 24 heures sur 24 et envoie par exemple, en cas d'urgence, ambulance et médecin.
Il y a en France comme en Allemagne un médecin généraliste pour 1000 habitants. Il est bien sûr plus facile de trouver un médecin dans la région parisienne que dans le Massif Central.
Comme dans les autres pays d'Europe, le vieillissement de la population et les progrès de la médecine provoquent un fort déficit de la Sécurité sociale. Le gouvernement augmente la part payée par les malades et les cotisations, il tente de mieux contrôler les dépenses, sans remettre en cause la médecine libérale qui comprend le libre choix du médecin par le malade.
Les causes de décès les plus fréquentes en France, après les suicides et les accidents de la circulation, sont les maladies du cœur et des artères ainsi que les cancers. En 2002, près de 33 000 personnes étaient mortes du **sida** depuis le début de l'épidémie. Le nombre de cas déclarés a augmenté jusqu'en 1994, puis régulièrement diminué.

les frais m de garde Betreuungskosten – **l'allocation de parent isolé** *f* Beihilfe für Alleinerziehende – **l'interruption volontaire de grossesse** *f* Schwangerschaftsabbruch – **rembourser** zurückerstatten – **un médecin généraliste** Arzt für Allgemeinmedizin – **l'urgence** *f ici :* Not – **le vieillissement** Altern – **remettre en cause** in Frage stellen – **le décès** Tod – **une artère** Arterie – **le cancer** Krebs – **le sida** Aids..

Alcool, tabac et drogues

La consommation d'alcool a tendance à diminuer. Elle est cependant la principale cause d'accidents de la circulation (deux accidents mortels sur cinq sont provoqués par l'alcool au volant). Le maximum légal toléré est de 0,5 grammes par litre.
Plus d'un Français sur quatre fume régulièrement, les jeunes commencent à fumer de plus en plus tôt. Les lois Veil (1976) et Evin (1991) définissent la **législation anti-tabac**. Il est interdit de fumer dans les lieux publics qui ne sont pas assez ventilés, dans les écoles et collèges. Dans les transports collectifs, fumeurs et non-fumeurs doivent être séparés. La loi Evin oblige les restaurants à avoir une zone réservée aux non-fumeurs et interdit aux marques de tabac de sponsoriser des événements sportifs ou culturels. Depuis 2003, chaque paquet doit porter l'inscription « Fumer tue » ou d'autres avertissements.
La publicité pour l'alcool et le tabac n'est pas entièrement libre. En ce qui concerne le tabac, aucun texte ne doit accompagner la marque de la cigarette. Dans la publicité pour l'alcool, le texte suivant est obligatoire : A consommer avec modération.
La loi de 1970 interdit la production, le commerce et la consommation de drogues comme le cannabis, l'héroïne, la cocaïne, le LSD, l'ecstasy, etc. En dix ans, le nombre d'adolescents ayant consommé du cannabis a doublé, plus d'un jeune sur deux en consomme au moins occasionnellement. Le nombre de décès par surdose d'héroïne a été divisé par cinq entre 1994 et 2000, surtout grâce aux traitements de substitution par la méthadone, dont la vente est autorisée depuis 1995.

Le « Troisième Age »

La **natalité** diminue et l'**espérance de vie** augmente (75 ans pour les hommes, 82 ans pour les femmes en 2002), de sorte que la proportion des personnes âgées devient plus importante dans la population française.
Les retraites sont financées par la population active. Comme en Allemagne, le vieillissement de la population et le chômage menacent l'équilibre du système de l'**assurance vieillesse**.
La tendance à isoler les personnes âgées dans des maisons de retraite ou des résidences du troisième âge est remise en cause. L'aide sociale, qui est surtout entre les mains des départements, développe les services à domicile, mais leur financement pose de plus en plus de problèmes aux collectivités locales.
Pour financer un plan d'aide au troisième âge, un jour férié est supprimé à partir de 2005.

ventilé,e belüftet – **l'inscription** *f* Aufschrift – **un avertissement** Warnung – **le traitement** Behandlung – **la substitution** Ersatz – **la méthadone** Methadon (*Ersatzdroge*) – **la natalité** Geburtenrate – **l'espérance** *f* **de vie** Lebenserwartung – **un salarié** Lohnempfänger – **l'assurance** *f* **vieillesse** Altersversorgung – **une maison de retraite** Altersheim – **les collectivités locales** Gebietskörperschaften.

Les « nouveaux pauvres »

Le clochard qui choisissait de vivre sous les ponts a fait place au **SDF** (« **sans domicile fixe** ») qui est obligé de vivre dans la rue parce qu'il a perdu son travail, puis son logement. La situation est particulièrement grave pour les femmes seules avec un enfant, les immigrés et les jeunes sans qualification.
Plusieurs associations essaient d'aider les sans-logis. Depuis 1954, l'**abbé Pierre** mène le combat pour le logement des plus pauvres avec, entre autres, les « chiffonniers d'Emmaüs » qui récupèrent et revendent des vêtements, meubles, vieux papiers etc. Les « compagnons » sont logés et nourris avec l'argent gagné. Créés en 1985, les « **Restos du cœur** » distribuent toute l'année des repas gratuits.
La loi du 1er décembre 1988 prévoit un **Revenu minimum d'insertion (RMI)** pour toute personne vivant en France et qui ne reçoit pas d'autre aide sociale (chômeur de longue durée, par exemple). Les « RMIstes » (plus de 900 000 en 2001) sont surtout des jeunes, des femmes seules, des immigrés. A partir de 2004, une nouvelle allocation est appelée à remplacer le RMI : le **Revenu minimum d'activité (RMA)**. Pour la recevoir, il faut signer avec le département un contrat de travail d'une durée minimale de 20 heures par semaine.
Depuis 2000, toute personne résidant en France régulièrement et qui n'a pas d'assurance maladie peut demander la **Couverture maladie universelle** (**CMU**), qui lui permet de se soigner sans payer de cotisations. Fin 2002, 1,4 million de personnes en bénéficiaient.

Les étrangers en France

Vivre et travailler en France

Le nombre d'étrangers vivant en France est estimé à quatre millions. La plupart d'entre eux viennent d'Afrique du Nord ou du sud de l'Europe (→ *tableau* p. 73). Ils habitent principalement dans les grandes villes, en Ile-de-France, Rhône-Alpes ou Provence-Alpes-Côte d'Azur.
Début 2002, le nombre d'étrangers travaillant en France dépasse 1 600 000 (6% de la population active). On les trouve dans les métiers du bâtiment, l'agriculture et les services.
Comme en Allemagne, les immigrés européens n'ont pas trop de problèmes pour s'intégrer. Les **Maghrébins** (Algériens, Tunisiens et Marocains) sont en majorité de religion musulmane et ont d'autres traditions, ce qui rend leur intégration plus difficile. La situation des Algériens est particulièrement délicate, c'est une des conséquences de la **guerre d'Algérie** (→ p. 46).

un sans-logis Wohnungsloser – **récupérer** *ici :* (ein)sammeln – **une insertion** *ici :* (Wieder-)Eingliederung – **être appelé,e** sollen – **se soigner** *ici :* medizinisch behandelt werden – **estimer** schätzen.

Nationalité des étrangers vivant en France (en milliers) :

	1976	1999
Portugal	859	571
Algérie	884	574
Maroc	322	522
Italie	558	378
Espagne	531	316
Tunisie	167	201

Source: INSEE.

Les enfants d'immigrés maghrébins nés en France, appelés les « **beurs** » (verlan pour "arabe" ; → La langue des jeunes p. 144), ont souvent des problèmes d'identité : mal acceptés dans la société française, ils se sentent aussi étrangers dans le pays de leurs parents, dont parfois ils ne parlent pas la langue. Cependant, grâce à l'école et aux habitudes culturelles acquises dès qu'ils sont enfants, ils vivent en général mieux que leurs parents.

Le racisme

Le nombre d'actes racistes est en augmentation ces dernières années. L'attentat du 11 septembre 2001 à New York a renforcé les sentiments anti-arabes, et le conflit persistant entre Israéliens et Palestiniens nourrit l'**antisémitisme**. L'extrême droite a théoriquement abandonné le discours antisémite et s'attaque surtout à l'**immigration**. Le racisme pénètre dans les collèges et lycées, il s'exprime sur Internet, les injures racistes se banalisent.

La loi sur la presse interdit de publier des textes qui incitent à la haine raciale ou font l'apologie de crimes contre l'humanité. La loi de juillet 1990 interdit la publication d'écrits qui nient l'existence du génocide juif pendant la Seconde Guerre mondiale (→ La Seconde Guerre mondiale p. 44). Refuser de vendre un bien ou un service, d'embaucher une personne, de la laisser entrer dans un établissement public pour des motifs racistes est un délit.

acquis,e erworben - **pénétrer** eindringen - **une injure** Beschimpfung - **se banaliser** bagatellisiert werden - **inciter** aufhetzen - **l'apologie** *f* Rechtfertigung - **le génocide** Völkermord.

Devenir Français

Un enfant dont le père ou la mère a la nationalité française est Français. S'il est né en France et que ses parents sont étrangers, il peut choisir de devenir Français à dix-huit ans. Enfin, un(e) étranger(ère) peut obtenir la nationalité française après deux ans de mariage avec un(e) Français(e).
En un siècle, plus de 4 millions d'étrangers ont été ainsi intégrés en France.

Les loisirs

Les Français passent au total plus de temps devant leur téléviseur qu'au travail. 40% du temps libre est en effet réservé à la télévision. Avec la multiplication des chaînes, le câble et les satellites, cette tendance ne peut que se renforcer. Comme dans d'autres pays, la « **télé-réalité** » a beaucoup de succès. Les candidats vivent en permanence sous l'œil de la caméra, les moins bons sont régulièrement éliminés par un vote des téléspectateurs, ce qui rapporte beaucoup d'argent aux chaînes. Ceux qui restent deviennent vite célèbres (Loft Story, Star Academy etc.).
La **chasse** et la **pêche** sont toujours populaires. Il y a en France environ trois millions de pêcheurs et plus d'un million et demi de chasseurs. Les dates d'ouverture de ces activités sont un événement national, inutile d'organiser une élection ce jour-là !
Chaque année, plus de la moitié des Français partent en vacances, mais seulement une petite partie (un sur dix) à l'étranger. La grande majorité des vacanciers va dans une autre région française, de préférence dans la résidence principale de parents ou amis. Ce sont les trois zones du bord de mer (Méditerranée, Ouest et Sud-Ouest) et les Alpes qui attirent le plus de touristes français.
La tendance actuelle est de prendre plus souvent des vacances, mais moins longues chaque fois. Pourtant beaucoup d'entreprises ferment leurs portes en août, de sorte qu'il y a souvent une concentration des congés sur ce mois.
La **politique des loisirs** joue un rôle de plus en plus important pour les villes. Chacune essaie d'attirer les touristes en organisant des congrès, des « rencontres » ou un « festival » : rencontres de la photo à Arles, festivals de Cannes (cinéma), Aix-en-Provence (musique), Orange (opéra), Antibes (jazz), Avignon (théâtre), Angoulême (bande dessinée), Printemps de Bourges (chanson).
Depuis peu de temps, l'**industrie du loisir** investit des capitaux en France sous forme de grands parcs de loisirs : Disneyland Paris et parc Astérix dans la région parisienne, Futuroscope de Poitiers, Océanopolis à Brest, Vulcania en Auvergne.
La France dispose enfin de beaucoup de **sites historiques**, dont certains sont animés par des spectacles « son et lumière » (Versailles, châteaux de la Loire) ou des reconstitutions historiques avec la participation de la population locale.

en permanence dauerhaft – **un site** *ici :* Stätte.

Le sport

En 2001, un quart des Français fait du sport au moins une fois par semaine, les clubs et associations sportifs ont plus de 14 millions d'adhérents. Les sports les plus pratiqués sont le **football**, le **tennis**, le **judo** et l'**équitation**.
En football, la France a gagné la coupe du monde en 1998. Elle a également été championne d'Europe en 2000. Les meilleurs joueurs français jouent dans les grands clubs européens, surtout en Angleterre.
Le sud-ouest est la terre du **rugby**. Au Tournoi des six Nations (Angleterre, Ecosse, France, Irlande, Italie, Pays de Galles), la France a battu toutes les autres équipes en 2002.
Le **tennis** a sa fête annuelle en mai/juin : les « Championnats internationaux de France » qui se disputent au stade Roland-Garros à Paris et qui sont l'un des quatre tournois internationaux les plus prestigieux.
Il y a en France plus de 350 stations de **ski**, dont la moitié sont dans les Alpes du nord. La fédération française de ski rassemblait en 2001 près de 166 000 licenciés. Le ski alpin ou ski de piste est le plus pratiqué, le snowboard attire un public plus jeune.
Le **Tour de France** est un des événements sportifs le plus populaires, avec ses étapes qui mènent les coureurs dans toutes les régions, et le « maillot jaune » qui est en tête. Malheureusement, cette course a connu récemment des affaires de dopage qui ont abîmé son image.
Les deux grands rendez-vous des amateurs de **sport automobile** sont en janvier le Rallye de Monte-Carlo, première grande course de l'année, et, en juin, Les 24 Heures du Mans. Pendant les « 24 Heures » les voitures roulent jour et nuit. Le « **Grand Prix** » de France de Formule I se dispute sur le circuit de Magny-Cours, près de Nevers (Bourgogne); le « **Grand Prix** » de Monaco, lui, se déroule dans les rues mêmes de la ville.
Un sport typiquement régional est la **pelote basque**, jeu traditionnel des Basques. Il en existe plusieurs versions, dont la plus populaire se joue à l'extérieur entre 2 équipes de 3 joueurs. Les joueurs lancent une petite balle ronde contre un mur à l'aide de la « chistera », une sorte de panier en osier.

La pelote basque

un adhérent Mitglied – **rassembler** vereinigen – **un licencié** eingetragenes Mitglied – **un panier** Korb – **l'osier** *m ici :* Weidengeflecht.

La Pétanque

Le Midi est le royaume de la **pétanque**, un jeu de boules qui peut se jouer sur toutes les places. On lance une petite boule appelée « cochonnet », puis d'autres boules plus grosses qu'il faut placer le plus près possible du cochonnet. Si on la considère comme un sport, la pétanque occupe le quatrième rang en France, compte tenu du nombre de licenciés.

La vie en société

La vie en couple

Depuis vingt ans, le nombre de mariages est en baisse, et l'âge des nouveaux mariés augmente (30 ans en moyenne pour les hommes, 28 pour les femmes). Un couple sur six vit ensemble sans être marié. Depuis novembre 1999, le **Pacte civil de solidarité (PACS)** permet à deux personnes homosexuelles ou hétérosexuelles de vivre officiellement ensemble, sans avoir toutefois tous les droits des personnes mariées. Depuis leur création jusqu'en 2002, 72 600 PACS ont été conclus en France (8 PACS pour 100 mariages).
Un mariage sur trois en moyenne se termine par un **divorce** (plus de 100 000 par an). Une loi de 1976 a instauré le « divorce par consentement mutuel », qui n'oblige plus à condamner l'un des deux partenaires pour faute. Une réforme a récemment simplifié la procédure, la durée de la séparation avant de demander un divorce pour « rupture prolongée de la vie commune » est passée de six à deux ans.

une baisse Rückgang – **un divorce** Scheidung – **un consentement mutuel** gegenseitiges Einvernehmen – **une rupture** Unterbrechung – **prolongé,e** dauerhaft.

Plus de la moitié des familles vivent dans un **logement individuel**. La majorité des ménages sont propriétaires de leur logement (56% en 2002).
En 2000, il y avait en France plus de quatre millions de logements sociaux comme les **habitations à loyer modéré** (HLM). Leur nombre reste cependant très insuffisant par rapport aux demandes.

Les dépenses des ménages

Un quart des dépenses d'un ménage est consacré au **logement** (loyer, chauffage, éclairage, remboursement de prêts), qui a dépassé depuis peu l'**alimentation**. Les Français dépensent de plus en plus pour leur santé, les transports et la communication. Attentifs à leur santé, les Français consomment moins de sucre, de graisse, d'alcool et de tabac, surtout après les dernières hausses de prix. La restauration rapide (« fast food ») progresse, mais les Français apprécient également les produits régionaux « du terroir » et de plus en plus les aliments exotiques. (→ Le commerce p. 87)
La **gastronomie** est toujours très présente dans la culture française, les grands cuisiniers sont aussi connus que les stars du cinéma, ils écrivent des livres et des articles, beaucoup d'émissions de télévision consacrent du temps à la bonne cuisine et aux recettes. Les guides Michelin et Gault et Millau, qui distribuent chaque année des fourchettes ou des toques aux meilleurs restaurants, contribuent à leur réputation.

Fêtes et traditions

En France et en Allemagne, les jours fériés et les fêtes ne tombent pas tous le même jour.
Les fêtes religieuses sont toujours célébrées, même si parfois on oublie l'événement chrétien qui en est à l'origine.
Le 6 janvier, « **on tire les rois** ». On mange la « galette des rois », un gâteau spécial, dans lequel est caché une figurine. Celui ou celle qui la trouve devient roi ou reine d'un jour.
Le 2 février (jour de la **Chandeleur**), on fait sauter des crêpes dans une poêle, si possible avec, dans la main, une pièce d'argent qui doit apporter la richesse pour toute l'année. Ce jour n'est pas férié.
A **Pâques**, les petits Français, comme les Allemands, cherchent des œufs. Cependant ceux-ci ne sont pas apportés par un lièvre, mais par les cloches à leur retour de Rome.

la dépense Ausgabe – **un remboursement** Rückerstattung – **un prêt** Darlehen – **la graisse** Fett – **une toque** Kochmütze – **la réputation** Ruf – **un jour férié** Feiertag – **une figurine** kleine Figur, *ici :* Dreikönigsfigur – **la Chandeleur** Mariä Lichtmess – **une poêle** Pfanne – **un lièvre** Hase – **une cloche** Glocke.

En dehors des fêtes religieuses, il y a des festivités qui dérivent de traditions ou d'événements historiques.
Le 14 juillet, **Fête Nationale**, est l'anniversaire de la prise de la Bastille en 1789 (→ Chronologie des événements p. 34). On organise de grands feux d'artifice et des bals dans les villages et les quartiers des grandes villes le soir du 13 ou du 14.
Les Français célèbrent également la fin des deux Guerres mondiales, le 11 novembre (armistice de 1918) et le 8 mai (victoire de 1945).
En mai/juin, il y a la fête des Mères, instituée en 1950 par la loi, et la fête des Pères, créée en 1952. Ces deux fêtes ne tombent pas le même jour qu'en Allemagne.
Le jour de la **Toussaint** (1er novembre), les Français ont l'habitude de porter des fleurs sur les tombes.
Le soir du 24 décembre, les enfants mettent les souliers devant la cheminée, car le **Père Noël** va venir pendant la nuit apporter des cadeaux. En attendant, la famille se réunit autour d'un grand repas : le **réveillon**. Un autre réveillon est organisé le soir du 31 décembre.

un feu d'artifice Feuerwerk – **une tombe** Grab.

Chapitre 5 : Economie

La France est la quatrième puissance économique mondiale, après les Etats-Unis, le Japon et l'Allemagne. Elle est au cinquième rang pour les exportations et pour les importations. Le produit intérieur brut a augmenté de 50% entre 1985 et 2003. Comme dans les autres pays développés, les services prennent une place de plus en plus importante, et l'économie française est très dépendante des échanges commerciaux avec le reste du monde, en particulier avec l'Union européenne.

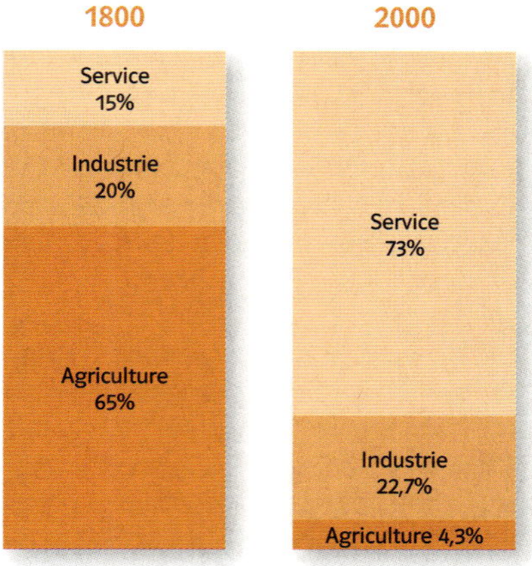

Répartition de la population active par secteurs

Le secteur primaire

Il comprend l'agriculture, la pêche et les mines.

L'agriculture

Plus de la moitié de la France est occupée par des terres cultivées. Par suite de la mécanisation et de la politique européenne qui pousse à la concentration, le nombre d'agriculteurs est en constante diminution (→ Les agriculteurs, p. 64), pour une production qui a augmenté en moyenne de 2% par an entre 1960 et 2000.

Produits végétaux

Après les Etas-Unis, la France est le deuxième pays exportateur de produits agricoles et agroalimentaires dans le monde, l'industrie de ce secteur emploie 650 000 personnes en 2000. La moitié des recettes vient des **cultures**, le reste de l'**élevage**.

Entre 1987 et 2004, la production de **blé** a augmenté de plus de la moitié, passant de 24 à 37 millions de tonnes ; les autres céréales cultivées en France sont le maïs, surtout utilisé pour la nourriture du bétail, l'orge et le seigle. La France est le premier producteur mondial de **betterave à sucre**, principale culture industrielle con-

la puissance Macht – **le produit intérieur brut** Bruttoinlandsprodukt – **les services** *f* Dienstleistungen – **une mine** *ici :* Bergwerk – **les terres cultivées** landwirtschaftliche Anbaugebiete – **la recette** *ici :* Einnahme, Erlös – **la culture** *ici :* Anbau, Zucht – **l'élevage** *m* Viehzucht – **le bétail** Vieh – **l'orge** *f* Gerste – **le seigle** Roggen – **la betterave à sucre** Zuckerrübe.

centrée dans le nord et le nord-est de la France. Avec l'Espagne, elle est également le principal fournisseur européen de **tournesol**, plante dont la culture est encouragée par la politique agricole européenne.
La France offre une grande diversité de **fruits et légumes**, surtout dans les vallées : Loire, Garonne, Rhône, Durance, ainsi que sur la côte atlantique, au climat plus doux et humide. Cette culture demande beaucoup de main-d'œuvre, et les producteurs se plaignent régulièrement de la trop faible rémunération de leur travail et des profits trop élevés des grandes surfaces. Dans le Midi, la concurrence de l'Espagne et de l'Italie est particulièrement forte.

Le vin

Depuis vingt ans, la production de vin en France est en baisse. La part des vins de qualité, les **appellations d'origine contrôlée** (AOC), n'a cessé d'augmenter, elle représente plus de la moitié en volume.
Un quart des vins français est exporté. La consommation de vin en France a fortement baissé, passant de 100 litres par an et par personne au début des années 60 à 58 litres en 2002.

Produits animaux

Il y a en France 20 millions de **bovins**, c'est-à-dire un pour trois habitants. Le pays assure près d'un quart de la production de viande bovine dans l'Union européenne. Le Français est le plus gros consommateur de viande en Europe, avec une moyenne de 25 kilos par an. La moitié de la viande consommée doit être importée (Royaume Uni, Irlande, Nouvelle-Zélande). La crise de la « vache folle » a favorisé le développement d'autres viandes, comme les **volailles**, dont la France est le premier éleveur européen. L'élevage du **porc** est concentré dans l'Ouest.
L'importance de l'agriculture en France a permis de développer des **industries agroalimentaires** (IAA) autour du lait, de la viande, des boissons, des aliments pour animaux. C'est le premier secteur industriel français, avec un chiffre d'affaires de 122 milliards d'euros en 2002, dont un quart pour les viandes.
Pour surveiller les risques sanitaires liés aux aliments consommés par l'homme et les animaux, il existe depuis 1999 une **agence française de sécurité sanitaire des aliments** (AFSSA). Seuls des laboratoires scientifiques qui font de la recherche sur les **organismes génétiquement modifiés** (OGM) ont l'autorisation d'en cultiver en France. Depuis octobre 2003, les produits contenant des OGM et offerts à la vente doivent porter une étiquette qui permet au consommateur de les identifier.

le tournesol Sonnenblume – **la rémunération** Bezahlung – **les grandes surfaces** Supermärkte – **l'appellation** *f* **d'origine contrôlée** *Bezeichnung für kontrollierte Herkunft* – **le bovin** Rind – **la vache folle** Rinderwahnsinn – **les volailles** *f* Geflügel – **les industries agroalimentaires** *f* Lebensmittelindustrie – **sanitaire** gesundheitlich – **la recherche** Forschung – **un organisme génétiquement modifié (OGM)** gentechnisch veränderter Organismus (GVO).

La forêt et le bois

La forêt couvre en France 15 millions d'hectares, soit un quart du territoire. On la trouve surtout dans le Massif central, le Nord-est (Ardennes) et dans les Landes. Elle gagne chaque année en moyenne 30 000 hectares. Pourtant, la France importe deux fois plus de bois qu'elle n'en exporte. Les principaux fournisseurs sont les pays scandinaves et africains. Plus de la moitié du bois est utilisé pour la construction, le reste principalement pour l'emballage et les meubles.
A partir de 1963 ont été créés en France six parcs nationaux (plus un septième en Guadeloupe), où les animaux et les arbres sont protégés, et où le public doit respecter des règles strictes. On peut y ajouter 42 parcs régionaux.

La pêche

La France a une situation géographique favorable avec trois côtes (Atlantique, Manche, Méditerranée), mais ne se situe qu'au 26e rang dans le monde. La production française ne suffit pas à couvrir les besoins de la consommation intérieure parce que le Français mange de plus en plus de poisson.
Avec une concurrence internationale de plus en plus forte, le secteur de la pêche est en crise. Le nombre de bateaux de pêche a diminué de 60% en quarante ans. La France est le premier producteur européen pour les huîtres, qui viennent principalement de la côte atlantique.

Le secteur secondaire (industrie)

L'industrie emploie quatre millions de personnes en France, chiffre en léger recul depuis quelques années. Les principales productions sont les machines, les moyens de transport (trains, avions et bateaux) et l'agroalimentaire (→ Produits animaux p. 80). Les industries traditionnelles comme la métallurgie ou le textile ont des difficultés, la construction mécanique, l'automobile, l'électroménager et le bâtiment se trouvent face à une forte concurrence internationale, les technologies « de pointe » (aéronautique, armement, transports) se développent.

Les industries traditionnelles

La métallurgie

Avec une production d'**acier** brut de 20,5 millions de tonnes en 2002, la France est au troisième rang européen après l'Allemagne et l'Italie. La concentration dans ce secteur a provoqué une forte diminution du nombre d'employés, qui est passé de 139 000 en 1980 à 40 000 en 2000. Le secteur est dominé par l'entreprise Arcelor, première dans le monde, qui est le résultat de la fusion entre trois grands groupes :

couvrir *ici :* einnehmen – **un fournisseur** Lieferant – **l'emballage** *m* Verpackung – **couvrir** decken – **une huître** Auster – **le recul** Rückgang – **la métallurgie** Schwerindustrie – **l'électroménager** *m* Elektrogeräteindustrie – **l'acier** *m* Stahl.

le français Usinor, le luxembourgeois Arbed et l'espagnol Acera ia. Ce secteur consomme 20% de l'énergie utilisée par l'industrie française. La production se concentre de plus en plus dans les ports (Dunkerque et Fos-sur-Mer en particulier), qui permettent l'importation de matières premières et l'exportation de produits finis. Les principaux clients de la **sidérurgie** sont l'industrie automobile, le bâtiment, l'électroménager et l'emballage. Ce secteur connaît une concurrence plus forte de nouveaux pays producteurs (pays de l'Est, Brésil, Corée du sud).
Comme la production d'acier, celle de l'**aluminium** a tendance à se concentrer sur les côtes. L'entreprise Péchiney, au troisième rang mondial dans sa branche, possède des usines à Dunkerque, en Australie, en Grèce et aux Etats-Unis.

Industrie textile

En 2003, le textile français a déjà derrière lui vingt ans de déclin. Des régions comme la Champagne, le Nord ou les Vosges ont vu disparaître cette activité. La filière textile-habillement, qui employait il y a trente ans près d'un million de salariés, n'en compte plus que 198 000 en 2003. Elle reste le troisième employeur industriel en France, même si 80% des entreprises du secteur font fabriquer tout ou partie de leur production à l'étranger.

Les industries qui se maintiennent

Bâtiment et travaux publics (BTP)

Avec 1 200 000 salariés, le BTP est le premier employeur en France. Le groupe Vinci est actif dans les domaines de la construction, de l'énergie et des infrastructures routières (routes, autoroutes, parkings, aéroports). L'entreprise Bouygues ne s'occupe pas seulement de grands chantiers (La Grande Arche de la Défense et la Bibliothèque nationale de France à Paris, le tunnel sous la Manche), il est présent dans le secteur de la communication (télévision et presse) ainsi que dans celui de la téléphonie mobile (→ Télécommunications, p. 86).

Construction mécanique

La construction mécanique est surtout représentée par deux grandes entreprises de taille mondiale : **Alstom** et **Framatome**. Le groupe Alstom est surtout connu pour la construction des TGV, trains, métros et tramways. L'entreprise a équipé les réseaux de métro de grandes métropoles comme Paris, Londres, Hong-Kong et Mexico.
Le groupe Areva rassemble plusieurs activités autour du nucléaire : la COGEMA est spécialisée dans la recherche et le traitement de l'uranium (usine de retraitement

les matières premières Rohstoffe – **la sidérurgie** Eisen- und Stahlindustrie – **une filière** Branche – **un employeur** Arbeitgeber – **un chantier** Baustelle – **la taille** Größe – **équiper** ausstatten – **un réseau** Netz – **le traitement** *ici* Verarbeitung – **le retraitement** Wiederaufbereitung.

des déchets nucléaires de La Hague). Framatome, installé dans la région Rhône-Alpes, construit et entretient des centrales nucléaires. En 2004, EDF a décidé de construire à Flamanville (Manche) un réacteur de type nouveau, l'EPR (European Pressurised water Reactor), qui utilise des déchets de l'industrie nucléaire.

L'automobile

En 2004, les Français possèdent 29 millions de voitures (une pour deux habitants). Un tiers des ménages dispose de deux véhicules. Le diesel connaît un grand succès (près d'une voiture sur deux), grâce à la différence de prix entre l'essence et le gasoil et à la faible consommation de ces moteurs. Sur dix voitures achetées en France, quatre sont de marques étrangères.
En 2003, plus de trois millions de voitures ont été construites en France, troisième producteur mondial après le Japon et l'Allemagne. Deux grands groupes dominent le marché : **Renault**, qui s'est allié avec le japonais Nissan, le sud-coréen Samsung et le suédois Volvo, et **PSA**, qui regroupe les marques Peugeot et Citroën. Les constructeurs français sont très présents dans les pays d'Europe centrale et orientale (République tchèque, Roumanie, Slovaquie).

La chimie

L'industrie chimique est au cinquième rang dans le monde après les Etats-Unis, le Japon, l'Allemagne et la Chine ; plus de la moitié de la production est exportée. Elle emploie 236 000 salariés. A côté de grands groupes de dimension internationale, le secteur comprend un grand nombre de PME. La chimie investit fortement dans la recherche pour renouveler régulièrement ses produits, qui vont des matières de base aux médicaments, en passant par les matières plastiques, les cosmétiques et produits de beauté, les engrais, les colles et les colorants.
Accusée de polluer l'environnement, la chimie doit lutter contre une mauvaise image dans l'opinion publique, renforcée par la catastrophe de l'usine AZF à Toulouse en 2001 (31 morts). La hausse des prix des matières premières et la concurrence des pays d'Asie et du Pacifique sont des difficultés supplémentaires.
L'industrie du médicament se porte bien, les Français sont parmi les plus grands consommateurs dans le monde et les exportations ont doublé entre 1995 et 2002.
La concentration se poursuit sous la pression du gouvernement français, les deux grands groupes **Aventis** et **Sanofi-Synthélabo** ont fusionné pour former le plus grand groupe pharmaceutique européen, troisième sur le plan mondial.

les déchets *m* Abfälle – **une centrale nucléaire** Atomkraftwerk – **un véhicule** Fahrzeug – **les P(etites) et M(oyennes) E(n)treprises** kleine und mittelständische Betriebe – **aller de… à** reichen von … bis – **l'engrais** *m* Düngemittel – **la colle** Klebstoff – **le colorant** Farbstoff.

Les armes

Depuis la chute du mur de Berlin, le chiffre d'affaires de l'armement en France a été divisé par deux, et les exportations par trois. Le secteur a perdu les deux tiers de ses emplois. La France reste le troisième exportateur mondial d'armes, après les USA et le Royaume-Uni, elle vend principalement des avions de combat, des frégates et des hélicoptères avec leurs armements. Les principaux clients sont les pays du Proche et du Moyen Orient et l'Union européenne.

L'Etat finance la recherche, le développement et l'industrialisation des armements, c'est la mission de la **direction générale de l'armement** (DGA). La taille des projets rend la coopération nécessaire entre les entreprises et avec d'autres pays européens. EADS et Dassault ont signé un accord pour construire un avion sans pilote. L'Allemagne, l'Italie et les Pays-Bas coopèrent avec la France pour la construction d'un nouvel hélicoptère.

Les nouvelles technologies

Astronautique

En décembre 1979 a lieu depuis Kourou en Guyane le premier vol de la fusée européenne **Ariane**, qui lance des satellites dans l'espace. Après l'explosion en vol de la fusée américaine Challenger en janvier 1986, Ariane devient leader sur le marché. Le projet Ariane a été développé à partir de 1982 par l'agence spatiale européenne, sous la direction du Centre national d'études spatiales (CNES). A partir de 1984, la société **Arianespace** s'occupe de la commercialisation, de la fabrication et du lancement des fusées. Ariane 4 a connu 3 échecs pour 114 lancements, Ariane 5 a été lancée en 1996.

Les transports (→ p. 18)

un combat Kampf – **l'armement** *m ici :* Bordwaffen – **une fusée** Rakete – **lancer** *ici :* abschießen – **spatial,e** Raumfahrt.

Construction électrique et électronique

Le secteur **électrique** et **électronique** emploie en France 300 000 personnes, dont plus de la moitié sont des cadres, ingénieurs ou techniciens.
Le groupe **Thales**, créé en 2000, emploie 63 000 personnes dans le monde , il est spécialisé dans la sécurité des transactions électroniques et des transports aériens, et réalise une grande partie de ses activités dans le domaine de la défense.
L'entreprise **SAGEM** (12 000 salariés, dont plus de la moitié sont des ingénieurs) a deux branches d'activité : les communications (téléphones portables et sans fil, fax, écrans de télévision), et la défense et sécurité.
En trois ans, l'entreprise **Alcatel**, spécialisée dans les systèmes de communication, a diminué son personnel de plus de la moitié (130 000 en 2000, 60 000 en 2003). Comme dans beaucoup de secteurs industriels, la production est abandonnée au profit des services.
Dans le domaine de l'**électroménager**, les sociétés internationales sont très actives en France. Parmi les entreprises françaises spécialisées dans le petit matériel, on peut noter un échec et un succès. La société Moulinex, marque très populaire en France depuis des décennies, a fait faillite en 2001, quatre usines ont été fermées, 5000 personnes licenciées. Le groupe SEB qui a repris entre autres Tefal, Krups, Rowenta, est célèbre depuis cinquante ans pour sa « cocotte-minute », que l'on trouve dans toutes les cuisines.

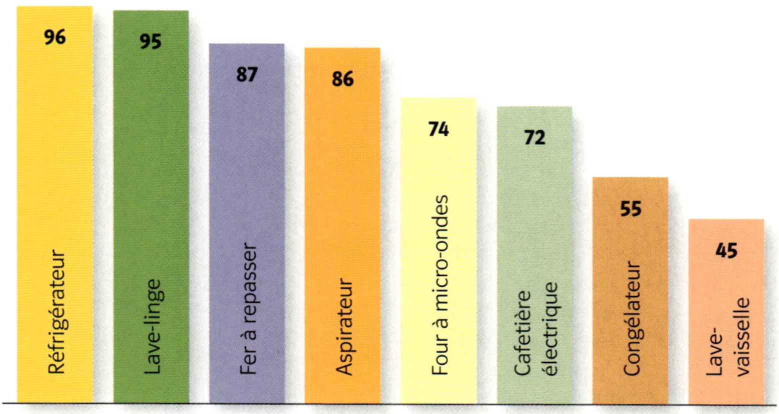

Equipement des ménages français en 2003 (en %, source: Quid 2004)

un cadre leitender Angestellter – **sans fil** schnurlos – **faire faillite** in Konkurs geraten – **licencier** entlassen – **reprendre** *ici :* weiterführen – **une cocotte-minute** Schnellkochtopf – **un réfrigérateur** Kühlschrank – **un lave-linge** Waschmaschine – **un fer à repasser** Bügeleisen – **un aspirateur** Staubsauger – **un four à micro-ondes** Mikrowelle – **une cafetière** Kaffeemaschine – **un congélateur** Gefriertruhe – **un lave-vaisselle** Geschirrspülmaschine.

Télécommunications

Ce secteur emploie 180 000 personnes et connaît une croissance supérieure à la moyenne de l'économie. Le marché français est ouvert à la concurrence depuis janvier 1998. **France Télécom**, privatisée à partir de 1997, garde une position dominante, surtout pour les appels locaux, moins pour les communications internationales (deux tiers des appels). La concurrence a provoqué une baisse des tarifs, en particulier pour l'accès à Internet.
Comme les autres grands pays développés, la France a connu en cinq ans une explosion du **téléphone portable** : Fin 2003, près de deux tiers des Français possédaient un portable. Trois sociétés se partagent le marché des communications par téléphone mobile : Orange (49%), SFR (36%) et Bouygues (15).
Un quart des ménages ont accès à **Internet** à domicile, tandis que 30% ont un **ordinateur**. Comme dans les autres pays d'Europe, Internet est utilisé entre autres pour le courrier électronique, la recherche d'actualités, les renseignements sur les voyages, pour réserver des spectacles ou faire des opérations bancaires. 12% des utilisateurs s'en servent pour faire des achats.

Le secteur tertiaire (Les services)

Le pourcentage des employés dans ce secteur par rapport à la population active n'a cessé d'augmenter, mais le rythme de créations d'emplois s'est sensiblement ralenti.

Banques

Depuis la création en 1999 de la **Banque centrale européenne (BCE)** dont le siège est à Francfort et l'arrivée de l'euro en 2002, la Banque de France ne définit plus la politique monétaire du pays. Elle continue à contrôler le secteur bancaire et à rassembler des statistiques monétaires, financières et économiques qu'elle publie régulièrement. Ayant perdu une partie de ses missions, elle a décidé de fermer une centaine de ses agences jusqu'en 2006.
Le secteur bancaire français se porte bien, il a fait 18 milliards d'euros de profit en 2003. Le bas niveau des intérêts incite les consommateurs à emprunter de l'argent. Le poids de l'Etat était important dans ce secteur, aujourd'hui presqu'entièrement privatisé. Les cinq plus grands groupes (Crédit agricole, BNP-Paribas, Société générale, Crédit mutuel et groupe des Caisses d'épargne) ont une part de marché de 70%. La **Poste**, qui gère le populaire livret A, où les Français mettent une partie de leur épargne et des plans d'épargne, est devenue un acteur financier et a été autorisée à créer sa propre banque.

un appel local Ortsgespräch – **l'accès** *m* Zugang – **un (téléphone) portable** Handy – **le pourcentage** Prozentsatz – **un siège** Sitz – **l'intérêt** *m* Zins – **emprunter** leihen – **la part de marché** Marktanteil – **gérer** verwalten – **un livret** *ici :* Sparbuch – **l'épargne** *f* Ersparnisse.

Les banques diversifient leurs activités, en proposant par exemple des assurances, et se développent à l'étranger, particulièrement en Europe, au Moyen Orient, en Asie du Sud-est et en Amérique du Nord. Les banques étrangères de leur côté sont très actives en France.
Pour les paiements, le Français préfère de plus en plus la **carte de crédit** au chèque, 84% des adultes en possèdent une.

Le commerce

Les hypermarchés sont très développés en France, plus de neuf ménages sur dix y font des achats, et ils ont 52% de parts de marché. Les principaux distributeurs sont Leclerc, Carrefour, Intermarché, Auchan. Ils sont parmi les plus gros employeurs en France.
Une nouvelle forme de commerce venue d'Allemagne il y a quarante ans, les « maxi-discompteurs » (hard discounters) comme Aldi, Lidl, Ed, Leader Price, remportent 10% de parts de marché (contre 35% en Allemagne). Ils offrent des prix bas, mais un nombre limité de produits.
Les hypermarchés connaissent aussi la concurrence des grandes surfaces spécialisées, comme Leroy Merlin pour le bricolage, Décathlon pour le sport, H et M ou Zara pour l'habillement, Darty pour l' électroménager.

Le tourisme

La France, qui a reçu en 2003 plus de 75 millions de visiteurs étrangers, reste la première destination touristique mondiale. Parmi les sites les plus visités, on trouve Disneyland à Marne-la-Vallée, la Tour Eiffel, le centre Pompidou, le Musée du Louvre et le château de Versailles.
Le pays offre une grande variété d'hébergements, du camping à l'hôtel cinq étoiles en passant par les chambres d'hôte qui se développent partout. Le groupe hôtelier français **Accor**, troisième sur le plan mondial, est présent en France sous les marques **Sofitel**, **Novotel**, **Mercure**, **Ibis**, **Formule 1**, **Etap'hôtel** et vient de prendre une participation dans le **Club Méditerranée**. Les chaînes indépendantes représentent un tiers des hôtels en France, la plus importante est **Logis de France**, qui attribue des cheminées selon le niveau de confort. On y trouve des chambres à prix modéré et une excellente cuisine régionale.
En vacances, les Français habitent en majorité chez des parents ou des amis, 10% des séjours se font dans la résidence secondaire, 15% à l'hôtel, près de 6% en camping. La durée moyenne des séjours est de deux semaines.

diversifier *ici :* ausdehnen – **un distributeur** Vertriebsgesellschaft – **le bricolage** *ici :* Heimwerken – **la destination** Ziel – **un site** *ici :* Sehenswürdigkeit – **l'hébergement** *m* Unterbringung – **une chambre d'hôte** Gästezimmer – **attribuer** *ici :* verteilen – **une cheminée** Kamin – **une résidence secondaire** Zweitwohnsitz.

L'énergie

Les **centrales nucléaires** produisent les trois quarts de l'électricité consommée en France (en Allemagne et dans l'Union européenne : un tiers). Des gisements d'**uranium** parmi les plus riches d'Europe se trouvent dans le Centre et l'Ouest de la France, ils ne suffisent pas à couvrir les besoins. La France stocke et traite les **déchets radioactifs** de plusieurs pays à La Hague, qui est l'usine de retraitement la plus importante au monde. Depuis les années 80, la France exporte de l'électricité.

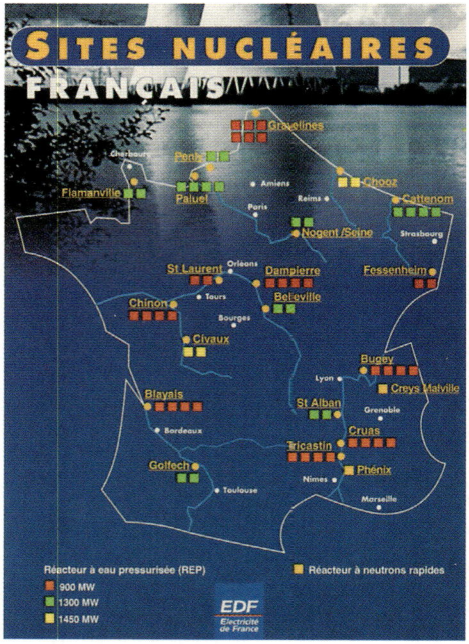

Les premiers fournisseurs de la France en **pétrole brut** sont les pays de la mer du Nord, qui couvrent un tiers des besoins. Viennent ensuite les pays du Proche-Orient (Arabie Séoudite surtout) et d'Afrique (Nigéria). La part du **gaz naturel** dans la production d'énergie a doublé en trente ans (de 7 à 14%), il provient de Norvège, de l'ex-URSS, d'Algérie, des Pays-Bas et du Nigéria. Le sol français ne produit que 4% des besoins. Bien que très populaires, les **énergies renouvelables** représentent seulement 15% de la production d'électricité. L'**énergie solaire** est moins utilisée en France qu'en Allemagne, mais chaque année, 4000 maisons utilisant cette source se construisent.
La moitié de l'énergie est utilisée par les ménages, un quart pour les transports, le reste par les industries.

une centrale nucléaire Kernkraftwerk – **le gisement** Vorkommen – **l'uranium** *m* Uran – **couvrir** (ab)decken – **le besoin** Bedarf – **stocker** lagern – **traiter** behandeln – **le déchet** Abfall – **l'usine** *f* **de retraitement** Wiederaufbereitungsanlage – **un fournisseur** Lieferant – **le pétrole brut** Rohöl – **le gaz naturel** Erdgas – **l'énergie** *f* **renouvelable** erneuerbare Energie.

Le rôle de l'Etat dans l'économie

En 1983, le secteur public comprenait 3 000 entreprises et employait près de deux millions de salariés. Plusieurs **nationalisations** avaient déjà eu lieu, surtout après la Seconde Guerre mondiale dans les secteurs de l'énergie, des transports, de l'automobile, des banques et des assurances. En 1982, François Mitterrand décide une nouvelle vague de nationalisations, qui concerne de grands groupes bancaires et industriels (→ La gauche an pouvoir p. 49).
A partir de 1986, la tendance s'inverse. Les **privatisations** permettent à l'Etat de remplir les caisses et aux entreprises de lutter contre la concurrence internationale en investissant davantage. Une première vague de privatisations a lieu de 1986 à 1988, elle concerne 12 sociétés, plusieurs établissements du secteur banques et assurances ; elle rapporte 67 milliards de francs à l'Etat. Après une pause, l'Etat recommence à vendre ses participations, une deuxième vague de privatisations (1993-1995) concerne entre autres la BNP, Rhône-Poulenc (chimie), Elf Aquitaine, Usinor-Sacilor (sidérurgie).
Depuis le début des années 2000, l'Etat continue de réduire sa participation dans de grandes entreprises : Air France devient privée par sa fusion avec KLM, d'autres entreprises sont sur la liste.
Les séries de privatisations s'accompagnent souvent de licenciements. Elle permet à des institutions étrangères d'investir des capitaux en France, ce qui modifie les rapports sociaux.

Les entreprises

Le nombre d'entreprises augmente sans cesse. Elles sont cependant obligées de se concentrer pour faire face à la concurrence sur le marché européen et mondial. Cette concentration est même favorisée par l'Etat dans certains secteurs (informatique, sidérurgie). Les plus grandes **sociétés industrielles** se trouvent dans le secteur de l'automobile (Renault, Peugeot SA), de l'énergie (Elf Aquitaine, Total-Compagnie Française des Pétroles), de la sidérurgie (Usinor-Sacilor) et de la chimie (Rhône-Poulenc, Péchiney, → Le secteur secondaire p. 81).
La France compte une vingtaine d'entreprises parmi les 100 premières européennes, un peu moins que l'Allemagne.
Les **petites et moyennes industries** (**PMI**, entre 5 et 500 personnes) emploient plus de 50% du personnel de l'industrie. Il y a en France presque autant de petites entreprises qu'en Allemagne, mais beaucoup moins de moyennes.
Les formes juridiques les plus fréquentes en France, à côté des entreprises familiales, sont la SARL (Société à responsabilité limitée) et la Société Anonyme (SA).

un salarié Lohn-/Gehaltsempfänger – **une nationalisation** Verstaatlichung – **s'inverser** sich umkehren – **une privatisation** Privatisierung – **rapporter** einbringen – **une participation** *ici :* Anteil – **un licenciement** Entlassung – **modifier** *ici :* belasten, beeinträchtigen – **juridique** rechtsgültig – **une SARL** GmbH – **une SA** AG.

Classement 2004 des cinq plus grandes entreprises d'après le chiffre d'affaires :
1. Total (chimie, énergie)
2. Vivendi Universal (communication)
3. PSA Peugeot Citroën (automobiles)
4. Electricité de France (énergie)
5. France Télécom (télécommunications)

Le commerce extérieur

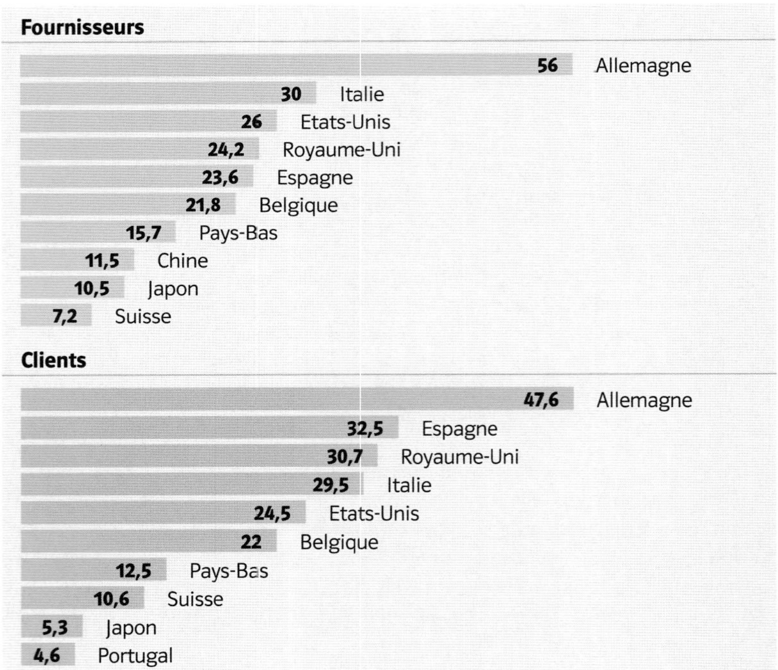

Les 10 premiers fournisseurs et les 10 premiers clients de la France en 2003 (milliards d'euros)

Comme dans beaucoup d'autres pays, les exportations et les importations françaises ont diminué, la balance commerciale reste cependant positive. La part du pays dans le marché mondial est relativement faible (5% en 2002, Allemagne 9,5%).
Le principal partenaire de la France reste l'**Union Européenne** (60% des échanges). L'Allemagne est le premier fournisseur et le premier client. Les échanges avec les

le chiffre d'affaires Umsatz – **un fournisseur** Lieferant – **la balance commerciale** Handelsbilanz.

Etats-Unis sont en baisse constante, surtout à cause du renforcement de la concurrence internationale. Par contre, le commerce avec les Pays d'Europe centrale et orientale (PECO) s'améliore, la tendance devrait se renforcer avec l'élargissement de l'Union européenne. Avec la Chine, malgré l'augmentation des exportations, le solde reste négatif. Le Moyen Orient achète des Airbus, tandis que les importations françaises de pétrole diminuent.
La France est le cinquième exportateur mondial, elle vend des produits agroalimentaires, des automobiles, des avions, du matériel de télécommunication, des médicaments. Elle achète principalement du pétrole, des machines outils et agricoles, des textiles, des ordinateurs et équipements de bureau, du cuir, du papier.
Les principaux pays qui investissent en France sont le Royaume-Uni et les Pays-Bas, tandis qu'elle investit surtout au Royaume-Uni, aux Etats-Unis et au Canada.

Le monde du travail

Les conditions de travail

Il existe en France un **salaire minimum interprofessionnel garanti** (le **SMIC**) fixé par l'Etat, quel que soit le secteur où l'on travaille. Le niveau des salaires est dans la moyenne européenne. La durée légale hebdomadaire du travail est de trente-cinq heures, les entreprises peuvent négocier avec les salariés une répartition du temps de travail sur l'année. Pendant la journée, on peut choisir dans beaucoup d'entreprises comme en Allemagne l'heure de début et de fin du travail (horaire flexible ou « à la carte »). En 1982, la cinquième semaine de congés payés a été accordée.

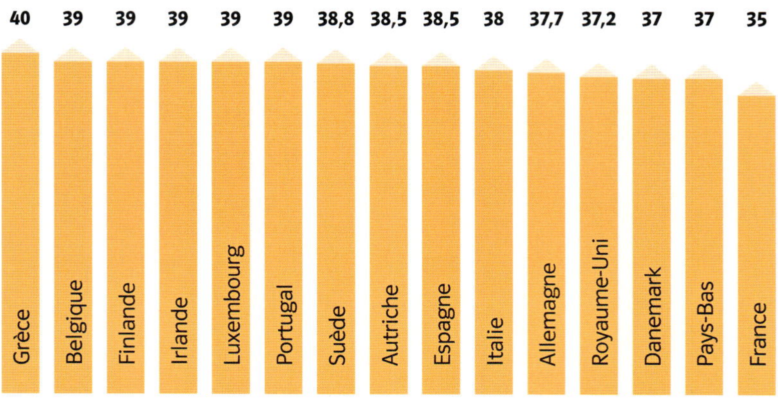

Durée conventionnelle moyenne de travail par semaine, en 2002, en heures

l'élargissement *m* Erweiterung – **le solde** Saldo – **négocier** verhandeln – **la répartition** Verteilung – **les congés payés** bezahlter Urlaub.

Les syndicats

La France est le pays industrialisé qui compte le moins de syndiqués (environ 9% des salariés), et leur nombre a fortement baissé depuis 25 ans, en grande partie à cause d'un vieillissement des adhérents et de la concurrence entre les grandes organisations syndicales.
Avec 685 000 adhérents la **Confédération Générale du Travail (CGT)** obtient un tiers des voix lors des élections professionnelles en 2002. A la différence de la **CFDT (Confédération française démocratique du travail)**, elle est plus radicale dans son opposition aux réformes libérales que veut imposer le gouvernement. Son slogan actuel : « pour de nouvelles garanties sociales ».
Aussi bien représentée dans le public que dans le privé, la CFDT est particulièrement active dans les banques et les assurances, chez les cadres, dans les secteurs de la chimie et de la santé. Réformiste, elle a signé l'accord sur la réforme des retraites (2003).
Force ouvrière (FO) est issue d'une minorité de la CGT qui refusait l'orientation communiste. Elle veut un « réformisme actif et de progrès » et coopère souvent avec la CGT.
Bien représentée chez les cadres et dans l'enseignement privé, la **Confédération française des travailleurs chrétiens (CFTC)**, plus modérée, n'a pas accepté de renoncer à la référence chrétienne. Son slogan : « la vie à défendre ».
L'**Union nationale des syndicats autonomes (UNSA)**, née en 1993 à l'initiative de syndicalistes proches du parti socialiste, se veut réformiste. Elle comprend en particulier la Fédération de l'Education nationale (FEN) et la Fédération générale autonome des fonctionnaires (FGAF). Son slogan : « libres ensemble ».
Comme l'UNSA, d'autres petits syndicats « autonomes » n'ont pas réussi à être reconnus par les pouvoirs publics comme « représentatifs ».
La **Fédération syndicale unitaire** de l'enseignement, de la recherche, de la culture, de la formation et de l'insertion (FSU) a été fondée en 1993 à la suite d'une division de la Fédération de l'éducation nationale. Assez radicale dans ses prises de position contre la politique du gouvernement, la FSU est la principale organisation syndicale de l'enseignement public.

Organisations patronales

Le **Medef** regroupant 750 000 entreprises de toutes tailles et de tous secteurs, veut « mettre l'entrepreneur au cœur de la société française ». Il demande de nouvelles négociations sur l'assurance chômage, la formation professionnelle, l'égalité entre hommes et femmes, l'assurance maladie. Le Medef représente les entrepreneurs auprès du gouvernement et du public, il conseille les entreprises et est le parte-

un syndicat Gewerkschaft – **un syndiqué** gewerkschaftlich Organisierter – **le vieillissement** Überalterung – **un adhérent** Mitglied – **issu,e de** hervorgegangen aus – **une prise de position** Stellungnahme – **patronale** Arbeitgeber- – **la taille** Größe – **un entrepreneur** Unternehmer.

naire des syndicats ouvriers dans les négociations (salaires, organisation du travail, assurance chômage).
Il prend souvent des positions politiques, la plupart du temps pour la libéralisation de l'économie, l'allègement des charges pour les entreprises, la réduction des dépenses publiques.
La **confédération générale des PME** (CGPME) défend les intérêts des petites et moyennes entreprises, souvent familiales.
Egalement créée en 1944, la **Confédération générale des cadres** est devenue en 1981 la Confédération française de l'encadrement (CFE-CGC). Elle représente les techniciens, agents de maîtrise, ingénieurs du secteur public et privé. Elle est organisée par branches et compte 140 000 adhérents (fin 2002), dont un cinquième de femmes, un quart habite l'Ile-de-France. En 2001, elle cherche une « troisième voie », entre le Medef et la CFDT.

Le marché du travail

La situation : En septembre 2004, le taux de chômage est de 9,9% de la population active (près de deux millions et demi de chômeurs), légèrement supérieur à la moyenne européenne (8%). Les plus touchés sont les femmes, les jeunes sans qualification, les salariés de plus de cinquante ans. Chez les jeunes, un emploi sur trois est précaire.
L'emploi agricole ne représente plus que 4% de la population, contre 30% en 1954. La part de l'industrie et du bâtiment diminue depuis plus de vingt ans et représente un quart de la population active. Les emplois peu qualifiés diminuent au profit des techniciens. Plus de deux tiers des Français travaillent dans les services. Depuis 1970, ce secteur a créé 5 millions d'emplois. Les transports, la santé, le tourisme et les loisirs créent des postes, tandis que le petit commerce et les banques réduisent leur personnel.
Les perspectives : La population active augmentera jusqu'en 2006. Le rythme de créations d'emplois dans le secteur tertiaire est plus lent et ne suffit plus à compenser la réduction du personnel dans l'industrie et l'agriculture, si bien que le taux de chômage ne diminue pas.

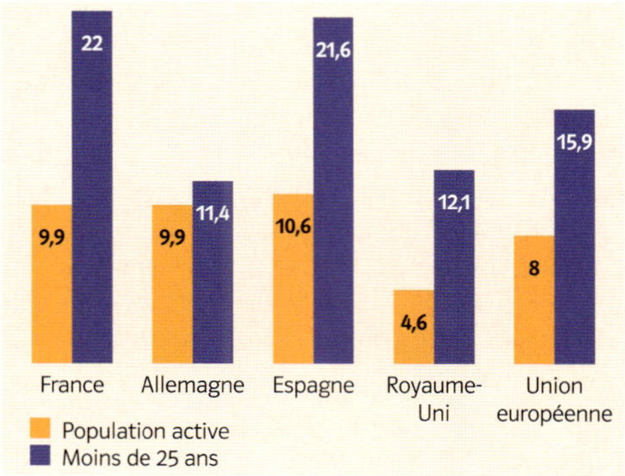

Taux de chômage septembre 2004 (en %)

l'allègement *m* Entlastung – **les charges** *f* Kosten – **le taux de chômage** Arbeitslosenquote – **la population active** erwerbstätige Bevölkerung – **toucher** *ici :* betreffen – **un salarié** Lohn-/Gehaltsempfänger – **précaire** unsicher – **compenser** ausgleichen.

Lutte contre le chômage : Depuis trente ans, l'Etat multiplie les aides aux entreprises qui embauchent du personnel, diminue les charges fiscales dans certains secteurs (restauration, travaux à domicile). La diminution du temps hebdomadaire de travail à trente-cinq heures a empêché une aggravation de la situation, mais coûte cher à l'Etat et aux entreprises.
Aide à la recherche d'emploi : Les cotisations pour l'assurance chômage sont payées aux **Assedic** (Assurances pour l'emploi de l'industrie et du commerce), qui sont gérées par les partenaires sociaux, tandis que **l'Agence nationale pour l'emploi** (**ANPE**) sert d'intermédiaire entre les chômeurs et les employeurs.

Ecologie et environnement

En mai 2004, l'Assemblée nationale a voté l'intégration d'une « **charte de l'environnement** » à la Constitution. Cette charte donne à chacun le droit de vivre dans un environnement sain.

Extraits de la Charte de l'environnement

Article 1er : Chacun a le droit de vivre dans un environnement équilibré et favorable à la santé.
Article 2 : Toute personne a le devoir de prendre part à la préservation et à l'amélioration de l'environnement.
Article 4 : Toute personne doit contribuer à la réparation des dommages qu'elle cause à l'environnement.

Dans les grandes villes, la **pollution de l'air** est responsable chaque année de la mort de près de 5000 personnes. Des mesures concernant la pureté de l'air sont prises régulièrement dans les grandes villes, des limitations de vitesse sont prévues lorsqu'il y a une concentration d'ozone, mais elles sont peu respectées.
La **pollution de l'eau** est sensible dans les régions où l'agriculture utilise beaucoup de nitrates, malgré les efforts de certains agriculteurs pour limiter les quantités nécessaires et respecter l'environnement.
La **pollution des mers** provoquée par les accidents de gros pétroliers est devenue particulièrement catastrophique après les naufrages de l'« Erika » devant les côtes bretonnes en décembre 1999 et du « Prestige » en mars 2002 près des côtes espagnoles, qui ont provoqué des « marées noires » sur les côtes atlantiques.

embaucher einstellen – **les charges fiscales** Steuerbelastungen – **une aggravation** Verschlechterung – **une cotisation** Beitrag – **gérer** verwalten – **un intermédiaire** Vermittler – **l'environnement** *m* Umwelt – **équilibré** ausgewogen – **la préservation** Erhaltung – **l'amélioration** *f* Verbesserung – **la pollution** Verschmutzung – **la pureté** Sauberkeit – **sensible** *ici :* deutlich, spürbar – **une marée noire** Ölpest.

Lorsque le tri et le **recyclage** des déchets sont organisés par une ville, les habitants participent volontiers, les poubelles bleues, jaunes, vertes apparaissent dans toutes les grandes cités.
Les Verts et les associations de défense de l'environnement défendent les **transports en commun** (tramway, RER) et le ferroutage (transport des camions par le train sur les longs trajets). Celui-ci est particulièrement intéressant pour le passage des Alpes et des Pyrénées. Les travaux ont commencé pour la liaison Lyon-Turin. Différents projets concernent la traversée des Pyrénées (5 000 camions par jour en moyenne), mais ils n'avancent pas très vite.
Les Verts et plusieurs organisations écologiques s'opposent à l'énergie nucléaire. Ils estiment que l'énergie nucléaire propre et sûre est un mythe. De nombreux accidents se sont produits dans les centrales, et le transport de déchets radioactifs sur les routes de France est extrêmement dangereux. Les partisans du nucléaire par contre affirment que cette énergie évite l'émission de gaz carbonique et l'effet de serre, qu'elle est bon marché et assure l'indépendance énergétique de la France (→ L'énergie, p. 88).

le tri Sortieren – **le recyclage** Wiederverwertung – **estimer** der Ansicht sein – **l'effet** *m* **de serre** Treibhauseffekt.

Chapitre 6 : La France dans le monde

Les relations franco-allemandes

Histoire

De 1871 à la Première Guerre mondiale

Après 1871, une « guerre froide » s'installe entre les deux peuples. Bismarck essaie d'isoler la France ; celle-ci tente de s'assurer des alliés contre l'Allemagne (→ La IIIe République p. 42). Le seul point de dispute strictement franco-allemand est la question de l'**Alsace-Lorraine**. Les Allemands ont peur d'une revanche possible, et en France, la « province perdue » provoque une montée de nationalisme : tout bon patriote garde l'œil fixé sur la silhouette, la « ligne bleue », des Vosges.

Les Allemands en Alsace

Dans une première phase l'Alsace, devenue « terre d'Empire », est régie par une dictature militaire. L'occupant allemand commet la maladresse de confier l'administration à des fonctionnaires prussiens. 8,5% des habitants optent pour la nationalité française et doivent émigrer en France. En 40 ans, ils seront 260 000 à quitter leur terre natale, souvent pour l'Algérie.
A partir de 1890, l'Allemagne adopte une attitude plus libérale à l'égard de l'Alsace-Lorraine et lui accorde des lois particulières, puis une Constitution (1911).
La Première Guerre mondiale marque le retour à la dictature militaire, 250 000 Alsaciens et Lorrains sont mobilisés dans l'armée impériale. En 1919, le **traité de Versailles** (→ p. 97) redonne les « terres d'Empire » à la France

Les deux crises marocaines : la guerre menace

En 1905, Guillaume II, en visite à Tanger, s'oppose à la politique de la France qui veut placer le Maroc sous sa « protection ». Après les accords internationaux d'Algésiras (1906), la France obtient des droits spéciaux sur le territoire marocain. Cependant la querelle franco-allemande renaît en 1911 : l'Allemagne envoie le bateau de guerre « Panther » devant Agadir pour s'opposer à la politique colonialiste française. Des compromis évitent la guerre : par le traité de Berlin, l'Empire allemand laisse à la France les mains libres au Maroc en échange d'une partie du Congo, mais se voit de plus en plus isolé face à une Entente cordiale renforcée (→ La IIIe République, p. 42).

régir verwalten – **une maladresse** Ungeschicklichkeit – **confier** anvertrauen – **à l'égard de** hinsichtlich – **une querelle** Streit – **renforcé,e** gestärkt.

La Première Guerre mondiale (1914-18) (→ p. 42)

Le traité de Versailles (28-6-1919)

Son but essentiel est de rendre inoffensif le peuple allemand jugé « dominateur, belliqueux et dangereux ». Ce sont les Français, surtout ceux de droite, qui réclament les sanctions les plus dures (« L'Allemagne paiera »).
Ce traité, imposé sans négociations avec l'Allemagne, empoisonne pour de longues années les relations germano-françaises. Les vainqueurs déclarent l'Allemagne coupable du déclenchement de la guerre, et donc responsable des pertes et dommages : les réparations exigées sont très élevées, des villes et des régions sont occupées pour garantir le paiement de la dette de guerre. Cela provoque un retour en force du nationalisme allemand.
D'après les clauses du traité, l'Allemagne doit céder à la France l'**Alsace-Lorraine** (→ Les Allemands en Alsace p. 94) et des colonies africaines (Cameroun et Togo). Sous prétexte d'assurer sa sécurité et pour des raisons économiques, la France occupe la **Rhénanie**, où elle soutient des mouvements séparatistes, ainsi que la **Sarre** dont elle exploite les mines de charbon. 52% des réparations financières, payables en 42 ans, sont attribués à la France. En 1923, comme les Allemands paient mal, le gouvernement Poincaré décide l'occupation de la Ruhr. La population s'oppose à l'envahisseur par des émeutes, des attentats, des boycotts. En 1925, après des négociations, les troupes françaises se retirent.
L'occupation de la Rhénanie et de la Sarre prend fin en 1930, après l'acceptation par l'Allemagne du plan Young qui prévoit de nouvelles modalités pour le remboursement de la dette de guerre. Avec l'accord de ses créanciers, l'Allemagne cesse ses paiements dès 1932 (Conférence de Lausanne).

Le traité de Locarno (1925)

Ce traité concerne la Grande-Bretagne, la Belgique, l'Italie, la Pologne, la Tchécoslovaquie, la France et l'Allemagne et concrétise avant tout un premier rapprochement timide entre ces deux derniers pays (**Briand, Stresemann**). Il reflète une volonté de régler par la diplomatie les différends politiques. Pour rassurer les Français, les Allemands s'engagent à respecter les frontières communes définies par le traité de Versailles. En revanche, les Français quittent Cologne ; l'Allemagne obtient un siège permanent à la **Société des Nations** (**SDN**).
En 1935, consultée par référendum, la **Sarre** opte à 91% pour le rattachement à l'Allemagne.

belliqueux, -euse kriegerisch – **une négociation** Verhandlung – **empoisonner** vergiften – **le déclenchement** Ausbruch – **une perte** Verlust – **une dette** Schuld – **céder à** *ici :* abtreten – **un prétexte** Vorwand – **un envahisseur** Eindringling – **une émeute** Aufstand – **le remboursement** Rückzahlung – **un créancier** Gläubiger – **cesser** beenden – **timide** *ici :* vorsichtig – **un** siège Sitz – **le rattachement** Anschluss.

Les Accords de Munich (1938)

Pour sauver la paix, la France accepte, elle aussi, l'annexion allemande des Sudètes.

La Seconde Guerre mondiale (1939-45) (→ p. 44)

L'après-guerre (1945-49)

Après l'armistice de 1945, les pays de Rhénanie-Palatinat, Bade du Sud et Wurtemberg-Hohenzollern deviennent **zone française** d'occupation, de nombreuses usines sont démontées. Un statut particulier est imposé à la Sarre (→ Solution du problème de la Sarre p. 99). La France n'est pas seulement une force d'occupation, elle est aussi responsable de la survie de la population. D'ailleurs il apparaît rapidement que la reconstruction de l'Allemagne va aussi dans le sens des intérêts économiques de la France.
L'attitude des occupants vis-à-vis des Allemands est caractérisée par un certain missionnarisme : on veut transformer les « barbares » en êtres humains et opposer les valeurs de la Révolution (liberté, égalité, fraternité) aux « idéaux » totalitaristes nazis. Il en résulte une forte ingérence dans la politique éducative et scolaire ; très tôt, des rencontres sont organisées entre les jeunes des deux pays.
Par souci de sécurité, les Français sont partisans d'une Allemagne morcelée et s'opposent jusqu'en 1948 à l'union des trois zones d'occupation de l'Ouest. La menace soviétique amène la France à changer de point de vue dès 1948 : elle consent à la réunion d'une sorte de Constituante et accepte la participation de la zone française à la réforme monétaire.

De l'antagonisme à la coopération (1949-58)

A partir de 1950, il est difficile de parler uniquement de relations franco-allemandes, elles se passent bientôt dans un cadre européen. La solution du problème germano-français est la base du développement de l'Europe.
Des hommes lucides comme **Robert Schuman** (ministre des Affaires étrangères) et **Jean Monnet** sont d'avis que l'on doit sortir du cercle vicieux qui fait qu'à la domination des vainqueurs répondent le nationalisme et le désir de revanche des vaincus. Ils proposent, dans cet esprit, des actions communes basées sur le partage des ressources. Dès 1950, Schuman lance l'idée de placer la production d'acier et de charbon des deux pays sous une autorité supranationale, ouverte aux autres pays d'Europe de l'Ouest. Malgré l'opposition des communistes français et des gaullistes, le traité sur la **Communauté européenne du charbon et de l'acier (CECA)** entre en vigueur en 1952 ; Jean Monnet en est le premier président. Ainsi est fait le premier pas important vers une Europe communautaire.

une armistice Waffenstillstand – **la survie** Überleben – **une ingérence** Einmischung – **morceler** zerstückeln – **consentir à** zustimmen – **la Constituante** *ici :* parlamentarischer Rat – **une réforme monétaire** Währungsreform – **lucide** *fig* weitsichtig – **un cercle vicieux** Teufelskreis – **l'acier** *m* Stahl.

Egalement en 1950 est mis en œuvre par les Français le projet de la **Communauté européenne de défense (CED)** qui prévoit l'intégration des futures forces armées allemandes au sein d'une armée européenne. Un traité est signé à Paris (1952), ratifié par le Bundestag (1953) mais repoussé par l'Assemblée nationale (1954) qui se méfie de tendances trop supranationales.
Simultanément, la France signe les **Accords de Bonn** (1952) attribuant à la **RFA** (République fédérale d'Allemagne) les pleins pouvoirs en politique extérieure et intérieure, et réglant le stationnement des forces alliées en Allemagne.
Le rapprochement devient plus intense avec le projet d'un **Marché commun** et la collaboration dans le domaine nucléaire (→ La France faceet l'Europe p. 106).

Solution du problème de la Sarre

Sous « protectorat » français après 1945, puis autonomes en union économique avec la France (1950), les Sarrois rejettent par référendum l'européanisation (1955) et sont réintégrés en RFA en 1957 (**traité de la Sarre**).

Le couple Adenauer – de Gaulle : la réconciliation (1958-63)

L'arrivée du général au pouvoir est d'abord considérée en RFA avec méfiance à cause de sa politique d'occupation après 1945 et de ses positions plutôt nationalistes qu'européennes. Ne se servirait-il pas d'une Allemagne économiquement forte et politiquement faible pour réaliser son ambition : élever la France au rang de puissance mondiale ? Ses intentions ne concordent en effet pas toujours avec la politique allemande : il est pour la reconnaissance de la frontière Oder-Neisse et pour une politique pragmatique entre la **RFA** et la **RDA** (République démocratique d'Allemagne) ; d'autre part, il exprime le droit à la réunification et défend inflexiblement contre l'URSS le statut de Berlin (les trois alliés occidentaux détiennent l'autorité suprême dans les secteurs ouest de la ville jusqu'en 1990). Au cours de plusieurs rencontres, Adenauer et de Gaulle arrivent à un consensus : l'**amitié franco-allemande** pourrait être le moteur d'une Europe de l'Ouest forte sur le plan économique et politique. Lors de son voyage triomphal à travers la RFA (4-9 septembre 1962), de Gaulle s'adresse surtout à la jeunesse allemande (Ludwigsburg), qu'il encourage à la solidarité devant les tâches communes. Il invite les jeunes Français et Allemands à se rapprocher davantage, à mieux se connaître et à se lier étroitement.
Le 22 janvier 1963, les deux chefs d'Etat signent à Paris le **Traité entre la République française et la République fédérale d'Allemagne sur la coopération franco-allemande**. Ils sont « convaincus que la réconciliation du peuple allemand et du peuple français... mettant fin à une rivalité séculaire... transforme profondément les relations entre les deux peuples ».

au sein de innerhalb von – **se méfier de** misstrauen – **rejeter** zurückweisen – **une tâche** Aufgabe – **une réconciliation** Aussöhnung.

Ce traité d'amitié comporte principalement des déclarations d'intentions :

- en politique étrangère, les gouvernements s'engagent à se consulter avant toute décision portant sur les questions d'intérêt commun ;
- en matière de défense, il prévoit une harmonisation sur le plan stratégique, des échanges de personnel et l'élaboration de projets d'armement communs ;
- dans le domaine de l'éducation et de la jeunesse, il propose des efforts dans l'enseignement de la langue du partenaire, l'adoption d'équivalences pour les diplômes et une coopération dans la recherche scientifique.

De plus, il rend possible la fondation (1963) de l'**Office franco-allemand pour la Jeunesse (OFAJ)**, dont le but essentiel est de rapprocher les jeunes des deux peuples dans l'espoir d'assurer une amitié durable. Son programme, qui vise à la connaissance et à la compréhension de la culture et de la civilisation du voisin, comprend des échanges scolaires et universitaires, des rencontres entre apprentis ou jeunes employés, des manifestations sportives, des jumelages entre villes, des stages et des cours de langues (→ Conclusion p. 105). Mais le traité contient avant tout un élément concret : l'instauration d'une consultation régulière qui aboutira à des sortes de Conseils de ministres mixtes bi-annuels sous la présidence du chancelier et du président de la République.

Le refroidissement (1964-69)

L'harmonie est de courte durée. Le gouvernement du chancelier Ludwig Erhard, successeur d'Adenauer en 1963, s'écarte des conceptions gaulliennes de l'Europe et renforce ses relations avec les Etats-Unis. Les Allemands se montrent hostiles à la **Force de frappe française** (→ Une politique étrangère nouvelle p. 47), désaprouvent le retrait français de l'**OTAN** (→ Le rôle de la France dans le monde p. 110) et l'opposition à l'entrée de la Grande-Bretagne dans le **Marché commun** (→ La France et l'Europe p. 106).

Brandt – Pompidou : des hauts et des bas (1969-74)

L'« Ostpolitik » du chancelier, qui aboutit à des traités avec l'URSS et la Pologne et au traité fondamental entre les deux Allemagnes (1972), est officiellement soutenue par Paris, bien qu'elle suscite la méfiance de la classe politique. Dès le début des années 70, un fort déséquilibre économique s'affirme entre les deux pays en faveur de la RFA (mark fort, franc faible), ce qui fait naître des désaccords au sujet de la politique économique et financière à adopter. De plus la reconnaissance de la RDA par la France (1973) indigne les conservateurs à Bonn.

séculaire jahrhundertelang – **l'armement** *m* Bewaffnung – **l'équivalence** *f* Gleichwertigkeit – **viser à** zielen auf – **un apprenti** Lehrling – **un stage** Praktikum – **aboutir à** führen zu – **bi-annuel,le** halbjährlich – **s'écarter de** sich entfernen von – **désapprouver** missbilligen – **le traité fondamental** Grundlagenvertrag – **susciter** entstehen lassen – **la reconnaissance** Anerkennung – **indigner** verärgern.

L'époque Schmidt – Giscard d'Estaing (1974-81)

Avec ce tandem de couleurs politiques différentes, s'installe à nouveau un rapport exceptionnel. « L'échange de vues avec le Président français a atteint un degré de franchise tout à fait unique » (Schmidt). En 1975, Giscard d'Estaing décide de supprimer les cérémonies de commémoration du 8 mai, qui seront réintroduites en 1981 par le gouvernement socialiste. Les deux nations prévoient une politique concertée pour résister à la crise économique mondiale.
En 1978, les deux chefs d'Etat lancent, d'un commun accord, l'idée d'un **système monétaire européen (SME)**. Le septennat de Giscard s'achève sur un projet culturel visant à améliorer l'enseignement de la langue du voisin et à intensifier les échanges.

Kohl – Mitterrand : l'harmonie parfaite ? (1982-95)

Les années 1980 sont marquées, entre autres, par des préoccupations des Français : l'ouverture à l'Est, ainsi que l'importance des mouvements pacifistes allemands, pourraient mener à la neutralité de l'Allemagne et provoquer un affaiblissement de l'alliance occidentale. De son côté l'Allemagne, qui se trouve dans la zone protectrice de la défense territoriale française, s'inquiète des fusées à courte portée dirigées vers son sol.
Mitterrand et Kohl signent un premier accord (1982) sur la coopération militaire (consultations des ministres des Affaires étrangères et de la Défense). En matière de relations économiques cependant, le climat n'est pas toujours au beau fixe : la politique commerciale de la RFA défend le libre-échange tandis que la France demande des mesures protectionnistes pour défendre les intérêts de la CEE.
En 1984, à **Verdun** (⟶ La Première Guerre mondiale p. 42), les deux hommes d'Etat confirment par une poignée de main « la réconcilitation par dessus les tombes ». Ils déclarent : « Nous nous sommes compris. Nous sommes devenus amis ».
A l'époque de la première **cohabitation** (⟶ La gauche au pouvoir p. 49), bien queles grandes lignes de la politique franco-allemande restent inchangées, les relations se compliquent du fait que le Président socialiste aussi bien que le Premier ministre conservateur (Chirac) se considèrent responsables des Affaires étrangères de la France.

la franchise Offenheit – **une commémoration** Gedenkfeier – **un septennat** 7-jährige Amtszeit – **une préoccupation** Sorge – **un affaiblissement** Schwächung – **s'inquiéter de** sich Sorgen machen um – **une fusée à courte portée** Kurzstreckenrakete – **être au beau fixe** günstig sein – **une poignée de main** Händedruck.

En 1987, pour commémorer le discours du général de Gaulle de 1962, 5000 jeunes Allemands et Français se rassemblent à Ludwigsburg.
Le 25e anniversiare du traité de l'Elysée (22-1-88) fournit l'occasion de renforcer la coopération franco-allemande par un protocole au traité de 1963. Il donne naissance au **Conseil franco-allemand de défense et de sécurité** qui stimule la coopération entre les deux armées et permet la création d'une **Brigade franco-allemande** (1990) dont les 5200 soldats constituent la base de l'**Eurocorps**. En outre, un Conseil franco-allemand a pour rôle le développement de la coordination dans les domaines économique et financier, et un Haut Conseil culturel est destiné à donner une impulsion nouvelle à la coopération en matière d'art et de culture.

De la chute du mur à nos jours

Les sondages effectués en France après la chute du mur de Berlin montrent que la majorité des Français sont favorables à la réunification. Pourtant, il n'y a pas que des enthousiastes. Certains craignent la fin de l'idylle et l'éloignement du partenaire vers l'Est aux dépens de l'Europe occidentale, et expriment leur inquiétude devant la trop grande puissance de la Grande Allemagne.
Les optimistes, eux, pensent que la France, partenaire privilégiée de la RFA, profitera économiquement du marché qui s'ouvre à l'Est.
En 1990, Mitterrand est le premier chef d'Etat à annoncer le retrait progressif de ses soldats stationnés en Allemagne. Le premier accord conclu entre la France et l'Allemagne réunifiée concerne une chaîne de télévision culturelle germano-française. A partir de 1992, **Arte** émet depuis Strasbourg.
La coopération entre les deux pays se renforce dans les domaines de l'éducation et de la formation professionnelle. Ainsi, certains lycées proposent des filières bilingues, pouvant mener à un **Abi-bac** reconnu des deux côtés du Rhin. L'**université franco-allemande** devient réalité en 1999. En 2000 est créée à Ludwigsburg l'Académie franco-allemande du Cinéma.
Sur le plan politique aussi, les relations s'intensifient : les bureaux du Bundestag et de l'Assemblée nationale se réunissent une fois par an, les commissions des Affaires étrangères des deux parlements se consultent tous les six mois. Depuis 1997, il existe des groupes d'amitié interparlementaires auxquels participent d'une part des membres du Bundestag et de l'Assemblée nationale, et d'autre part des membres du Bundesrat et du Sénat. Les **consultations franco-allemandes** au sommet, qui ont lieu régulièrement, permettent aux dirigeants français et allemands d'accorder les grandes lignes de leur politique commune. Par ailleurs, il y a des rencontres informelles entre les chefs d'Etat tous les deux mois. A moyen terme, les deux pays envisagent une coopération systématique entre ministres comprenant la tenue de conseils des ministres communs et des consultations sur la préparation des lois nationales.

commémorer gedenken – **fournir** liefern – **un sondage** Meinungsumfrage – **l'éloignement** *m* Entfernung – **aux dépens de** auf Kosten von – **émettre** (aus)senden – **une filière** *ici :* Ausbildungszug – **un sommet** Gipfel – **à moyen terme** mittelfristig.

Il est évident que la bonne entente germano-française constitue un des moteurs essentiels de la construction européenne : aucun projet européen d'envergure ne peut aboutir si la France et l'Allemagne ne le soutiennent pas d'un commun accord. L'un des tout prochains buts de l'UE, la réforme des **institutions européennes** et la mise sur pied d'une **Constitution européenne**, aura besoin pour voir sa réalisation de toute la détermination de la France et de l'Allemagne, d'autant plus que l'Union, élargie en 2004 à 25 pays membres, est à présent une structure plus lourde et moins homogène que par le passé.
Certes, les relations entre les deux voisins ne sont pas toujours idylliques. L'échec du sommet de Nice, en décembre 2000, où chacun a défendu ses intérêts personnels, a montré que les égoïsmes nationaux sont parfois plus forts que la volonté commune de donner à l'Europe des structures durables. On peut aussi s'inquiéter du fait que les jeunes de France et d'Allemagne sont de moins en moins nombreux à choisir d'apprendre la langue du voisin ; cela montre que les liens entre les deux pays sont moins forts qu'on pourrait l'espérer.
Mais d'une manière générale, Français et Allemands s'efforcent de se montrer unis et solidaires. Ainsi, à l'occasion de l'intervention américaine en Irak, en 2002/2003, le chancelier Schröder et le président Chirac affirment d'une façon très ferme leur unité contre la politique des Etats-Unis (et de certains pays membres de l'UE). De même, en 2003, l'Allemagne charge officiellement la France de voter en son nom au **Conseil européen**, ce qui peut être interprété comme une preuve de confiance absolue. En 2004, le chancelier allemand est invité officiellement aux commémorations des 60 ans du débarquement allié en Normandie. Ce geste du Président français symbolise l'amitié qui règne à présent entre les ennemis d'autrefois.

Les rapports économiques

Les échanges commerciaux

Alors que la France a été dès 1960 le premier client de la RFA, elle n'en est devenue le premier fournisseur qu'en 1968. Depuis, les échanges entre les deux pays ont connu une progression rapide. Ce phénomène s'explique d'une part par le voisinage direct des deux plus grands espaces économiques d'Europe, d'autre part par la complémentarité des productions allemande et française. Si le **traité franco-allemand de coopération** (→ Le couple Adenauer – de Gaulle p. 99) ne s'étendait pas directement aux relations économiques, il est cependant certain que celles-ci ont été favorisées par le rapprochement politique entre les deux nations.
En 2002, 15% des exportations françaises sont destinées à l'Allemagne. Il s'agit surtout de matières premières, de produits semi-finis, de voitures et de produits agroalimentaires. En retour, 18% des importations de la France proviennent

l'envergure *f* Tragweite – **s'efforcer de** sich anstrengen, sich bemühen zu – **un fournisseur** Lieferant – **un rapprochement** Annäherung – **un produit semi-fini** Halbfertigprodukt.

d'outre-Rhin, essentiellement des matières premières et des produits semi-finis, mais aussi des produits finis comme les biens d'équipement et les voitures.

Les investissements

Comparés à l'état florissant des relations commerciales, les investissements bilatéraux et les coopérations industrielle et financière souffrent toujours d'un certain retard. A l'heure de la **mondialisation**, on constate encore des divergences entre les conceptions économiques des différents pays. Ainsi, en France, l'État, par peur de voir son économie « colonisée », a parfois tendance à mener une politique dirigiste et protectionniste qui n'encourage pas les participations étrangères dans les firmes françaises. L'Allemagne, quant à elle, prêche un système économique libéral, mais défend son marché intérieur à l'aide de multiples normes et règlements. Tandis que l'ouverture de l'Allemagne de l'Est a déclenché une montée en flèche des investissements directs français en Allemagne, il n'y a pas eu de changement sensible dans le sens Allemagne → France.
Aujourd'hui, le volume total des investissements est à peu près équilibré entre les deux partenaires. On ne remarque pas d'évolution nette dans un sens ou dans l'autre à long terme, les variations d'une année sur l'autre sont fonction de la conjoncture régnant à un moment donné dans chacun des deux pays.
Quelque 1300 entreprises françaises se sont implantées en Allemagne. Il s'agit surtout de grandes firmes, comme par exemple Total, Michelin ou les assurances AXA. Les petites et moyennes entreprises (**PME**), elles, se montrent un peu plus hésitantes. Les Allemands, quant à eux, sont représentés par 2200 entreprises en France, notamment dans les secteurs de la chimie, de l'industrie mécanique, électrique et électronique. Ils se sont installés principalement en Ile-de-France et dans des régions de l'Est : En Lorraine, actuellement, plus de 30% des travailleurs sont employés par des firmes allemandes (SMART, par exemple, s'est installé à Hambach, en Moselle). Aux frais de production moins élevés qu'en Allemagne s'ajoute l'avantage du bilinguisme.

La coopération économique

Dans ce domaine, on observe depuis les années 80 un progrès sensible. Il n'est pas rare de voir de grandes sociétés travailler ensemble, comme le font par exemple Siemens et Framatome dans le secteur de l'énergie nucléaire, ou même fusionner. C'est par fusion des firmes Hoechst et Rhône-Poulenc qu'est née la société **Aventis**, qui a ensuite été elle-même « avalée » (2004) par une firme concurrente, **Sanofi-Synthélabo**, à la suite d'une OPA hostile. Parmi les autres exemples de fusions, on peut citer **EADS** (European Aeronautique Defense and Space company), issu de

les biens *m* **d'équipement** Investitionsgüter – **florissant,e** blühend – **prêcher** predigen – **en flèche** pfeilschnell – **équilibré,e** ausgeglichen – **à long terme** langfristig – **hésitant,e** zögernd – **les frais** *m* Kosten – **avaler** schlucken – **une O(ffre)P(ublique d')A(chat)** Übernahmeangebot – **issu,e de** hervorgegangen aus.

la réunion de Matra et DASA, ou encore, dans le domaine de l'électricité, l'achat de EnBW par **EDF** (Électricité de France). Les associations entre banques sont devenues, elles aussi, plus courantes. C'est avant tout dans des secteurs tels que le nucléaire, l'aéronautique et l'aérospatiale, où la recherche et le développement supposent des capitaux considérables, que ces contrats de coopération apparaissent nécessaires. L'Allemagne et la France sont depuis 1970 les deux partenaires principaux dans le projet **Airbus** dont la dernière réalisation, le très gros porteur A 380, éveille l'intérêt de très nombreux clients. La coopération militaire, qui avait abouti en 1972 à la construction de l'avion **Alpha-Jet**, a donné naissance, en 2001, à l'hélicoptère franco-allemand Eurocopter Tigre.
En ce qui concerne l'espace, la coopération a permis la mise au point de **satellites** (télécommunication, télévision) et de la fusée européenne **Ariane** (premier vol commercial en 1983). L'Agence spatiale européenne (ASE) collabore au projet de la station spatiale internationale ISS. La France et l'Allemagne financent les deux tiers de cette participation, et c'est **Ariane 5** qui assure le transport du matériel.
Les sociétés de chemins de fer des deux nations (DB et SNCF) joueront un rôle prépondérant dans le développement du train européen à grande vitesse de la 4e génération, prévu pour un proche avenir.

L'airbus A 380

Au-delà des intérêts nationaux qui poussent à la concurrence entre pays, Français et Allemands se voient de plus en plus obligés à agir en tant que partenaires à la recherche de solutions communes aux problèmes qui se posent au niveau européen et mondial. L'interdépendance économique et technologique rapproche les deux pays, de sorte que chacun a un intérêt vital à la bonne santé de l'économie du voisin. La réussite de leur coopération pourrait représenter un modèle pour toute l'Europe.

Conclusion

Un bilan des rapports franco-allemands n'invite certes pas à l'euphorie, les clichés et les partis pris ont la vie dure. Cependant, le traité de coopération de 1963 peut être considéré comme une réussite. Un état de normalité, une communauté

éveiller wecken – **une fusée** Rakete – **spatial,e** Raum- – **prépondérant,e** vorherrschend – **le parti pris** Voreingenommenheit.

d'intérêts politique et économique se sont substitués à l'hostilité « héréditaire » qui représentait une menace permanente pour la paix du monde. De nombreuses réunions au sommet (plus de 80 jusqu'à nos jours) ont permis d'éviter des conflits majeurs grâce aux contacts directs entre les chefs d'Etat.
Les rapprochements favorisés par l'**OFAJ** (→ Le couple Adenauer – de Gaulle p. 99) ont gagné de nombreux groupes sociaux. Les **échanges franco-allemands** se sont développés au point de devenir la plus importante migration pacifique entre deux peuples. Plus de 5,5 millions de jeunes ont participé aux programmes d'échanges. Il y a, à l'heure actuelle, 3000 accords entre établissements scolaires et à peu près 2000 jumelages entre villes ; 20% des élèves apprennent la langue du partenaire. Sur le plan humain, les problèmes sont rares, ils se posent plutôt au niveau financier : les crédits nécessaires à l'extension des projets sont souvent insuffisants, surtout en période de crise économique.
Toutefois, le pari sur la jeunesse, engagé par les pères du traité, est largement gagné ; il est aujourd'hui impensable que les bases de la coopération soient remises en cause. D'après des sondages récents, chacun des deux pays cite l'autre comme meilleur ami et comme partenaire le plus fiable.

La France et l'Europe

(→ Histoire p. 30 ; Les relations franco-allemandes p. 96)

Après 1945, la politique des Etats d'Europe occidentale est dominée par deux soucis : la reconstruction des pays détruits par la guerre et l'expansion communiste dans les pays de l'Est. C'est ainsi que la France signe en 1948, avec la Grande-Bretagne et les pays du Benelux, un pacte de défense, le **traité de Bruxelles** ; celui-ci aboutit en 1954 à la fondation de l'UEO (Union de l'Europe occidentale) qui inclut deux nouveaux membres, la RFA et l'Italie.
L'**OECE** (Organisation européenne de coopération économique) est créée en 1948 dans le but de répartir les aides américaines pour la reconstruction de l'Europe (**plan Marshall**). Elle est le précurseur de l'**OCDE** (Organisation de coopération et de développement économique, 1960). Le **Conseil de l'Europe**, représentant à l'origine 15 pays européens (une quarantaine à l'heure actuelle), siège depuis 1948 à Strasbourg.
Dans les années 1950, la France apparaît comme l'artisan de l'Europe économique. La **CECA** (→ De l'antagonisme à la coopération p. 98) veut ouvrir la voie à une association étroite entre les pays d'Europe. Dès le début des discussions sur l'Europe, deux courants s'opposent en France, comme le montre l'échec de la **CED** (→ De

se substituer à den Platz einnehmen von – **l'hostilité** *f* **héréditaire** Erbfeindschaft – **une migration** (Völker-)Wanderung – **un pari** Wette – **remettre en cause** in Frage stellen – **récent,e** neu – **fiable** zuverlässig – **aboutir à** führen zu – **un précurseur** Vorläufer – **siéger** seinen Sitz haben.

l'antagonisme à la coopération p. 98) en 1954. **Jean Monnet**, par exemple, est partisan d'une Europe fédéraliste et supranationale, d'Etats-Unis d'Europe, avec un parlement muni de vrais pouvoirs. Pour **Charles de Gaulle** (1958-69), en revanche, il ne saurait être question que d'une confédération où chaque pays garderait son identité nationale. Selon lui, les décisions d'importance européenne doivent être prises après consultation mutuelle des chefs d'Etat. En 1957, les **Traités de Rome** donnent naissance à **la CEE** (Communauté économique européenne des six pays de la CECA) et à **EURATOM**, institution pour l'utilisation pacifique de l'énergie nucléaire.

De Gaulle considère l'**Europe des Six** comme un premier pas vers une « **Europe des patries** », et rêve d'une Europe plus vaste de l'Atlantique à l'Oural. Cependant, par crainte de voir la France perdre sa place de leader politique en Europe, il s'oppose à deux reprises (1963 et 1967) à l'entrée dans le marché commun de la Grande-Bretagne qu'il juge, par ailleurs, trop liée aux Etats-Unis. En 1965, à la suite de désaccords sur le financement de l'agriculture et sur les modalités de décision au niveau européen, la France pratique une politique de la « chaise vide » dans la CEE et dans la CECA. Après un compromis sur le fonctionnement de la communauté (par « intérêt vital » un Etat peut s'opposer au vote majoritaire), les Français reprennent leur collaboration en 1966. **Georges Pompidou** (⟶ L'après-gaullisme p. 47) mène une politique européenne plus souple. Lors du référendum de 1972, la France s'exprime en faveur de l'Europe des Neuf : en 1973, la Grande-Bretagne, l'Irlande et le Danemark entrent dans la CEE. **Valéry Giscard d'Estaing** (⟶ L'après-gaullisme p. 47) a pour but de réaliser le grand marché européen, mais juge irréaliste une union politique de l'Europe. Dans la discussion autour de la première élection du **Parlement européen** (1979), les conservateurs au pouvoir et les communistes s'opposent longtemps au principe du suffrage universel, et s'expriment à nouveau contre l'élargissement des pouvoirs des institutions européennes.

François Mitterrand (⟶ La gauche au pouvoir p. 49) relance, dès 1981, l'idée européenne ; d'après lui, la France a besoin d'une Europe forte pour conserver sa « grandeur ». Son projet de politique sociale commune, initié en 1981, reste pourtant sans succès. Il relève les défis liés aux nouvelles technologies, et encourage l'extension de la coopération scientifique et industrielle. La France est également le moteur de l'**Acte unique européen** (1986) qui aboutit à un marché unique, le plus grand du monde.

1992 voit l'installation définitive du siège du Parlement européen à Strasbourg, et la fondation de l'**Eurocorps**. Celui-ci, opérationnel depuis 1995, regroupe 50 000 soldats allemands, français, mais aussi espagnols, belges et luxembourgeois. Il constitue une expérience de coopération militaire plus étroite entre des états membres de l'UEO ; son quartier général est situé à Strasbourg.

un échec Scheitern – **munir de** ausstatten mit – **mutuel,le** gegenseitig – **une crainte** Furcht – **à deux reprises** zweimal – **souple** elastisch – **le suffrage universel** allgemeines Wahlrecht – **un élargissement** Ausdehnung – **relancer** ankurbeln – **relever** *ici :* hervorheben, unterstreichen – **un défi** Herausforderung.

En 1993 est réalisé le Grand marché unique européen. Il vise à faire de la Communauté un espace sans frontières, où la circulation des personnes, des marchandises, des capitaux et des services est libre, et où les diplômes sont reconnus mutuellement par les différents pays. Le **Traité de Maastricht** (ratifié par 51 % des Français au cours d'un référendum, en 1992), transforme la CEE en **Union Européenne (UE)**. Il a pour objectifs principaux : la création d'une monnaie unique, l'**euro**, pour les pays qui en remplissent les exigences, l'instauration d'une citoyenneté de l'Union, l'attribution de pouvoirs plus étendus au Parlement européen, et la mise en œuvre d'une politique étrangère et de sécurité commune.
En 1994, l'**Institut monétaire européen**, base de la future Banque centrale européenne, entre en fonction à Francfort.
1995 : l'Autriche, la Suède et la Finlande adhèrent, à leur tour, à l'Union. La même année entrent en vigueur les accords de Schengen, qui abolissent les contrôles aux frontières intérieures dans la plupart des états de l'Europe des 15.
En 1996, les élections municipales sont ouvertes aux citoyens de l'UE : ils peuvent voter ou se présenter dans l'état de l'UE où ils résident, même sans en avoir la nationalité.
A partir de 1998, l'**Eurocorps** intervient réellement sur le terrain, en Bosnie-Herzégovine et au Kosovo. En 2000, le sommet de Nice, qui s'achève sur un échec, montre que l'Europe a encore des difficultés à se montrer vraiment unie. Les dissensions les plus graves portent sur les réformes des la PAC (politique agricole commune), sur la répartition des contributions au budget de l'UE, et sur la représentation des différents pays au sein de la Commission européenne.
C'est en 2002 que l'union monétaire entre en vigueur. Tous les pays membres à part la Grande-Bretagne, le Danemark et la Suède optent pour l'**euro**. Désormais, 300 millions d'Européens utilisent la même monnaie.
L'année 2004 voit l'adoption d'une **Constitution Européenne**. Celle-ci doit encore être ratifiée par les pays membres. En France, cela se fera par référendum en 2005. 2004 est également l'année de l'élargissement de l'UE à 25 pays. Dix nouveaux pays, qui ont rempli les critères politiques et économiques exigés, sont intégrés dans l'Union. Cet élargissement marque l'ouverture de l'Europe unie aux **PECO** (Pays d'Europe centrale et orientale). Lors de la formation de la nouvelle Commission, les commissaires français et allemands ne se voient confier que des fonctions de second plan. Cette décision, qui déçoit beaucoup des deux côtés du Rhin, provient surtout des petites nations membres, dont certaines craignent la domination d'un axe Paris – Berlin trop puissant.
Les Français ne sont pas tous enthousiastes face à l'UE élargie : les intérêts politiques et économiques des différents membres leur paraissent trop divergents, et l'influence des « petits pays » au sein de l'Europe leur semble trop importante, le nombre de voix de chaque pays n'étant pas proportionnel au nombre d'habitants.

une exigence (An-)Forderung – **adhérer** beitreten – **entrer en vigueur** in Kraft treten – **abolir** abschaffen – **une dissension** Meinungsverschiedenheit – **au sein de** innerhalb von – **décevoir** enttäuschen – **divergent,e** gegensätzlich.

Parmi les inquiétudes et les réserves que les Français expriment, il y a aussi le problème de la politique agricole, la difficulté à mettre en place une politique extérieure commune et à assurer la sécurité de tous, et l'urgence d'instaurer une politique cohérente au sujet du droit d'asile. Sur le plan économique, nombreux sont ceux qui craignent la concurrence de la main-d'œuvre bon marché venant des PECO et l'augmentation des délocalisations. Enfin, pour certains, Bruxelles est responsable de tous les maux en ce qui concerne la politique sociale.
Dans l'ensemble, cependant, les Français reconnaissent aussi les avantages de l'Europe unie. Plus de 60% d'entre eux y voient un facteur de stabilité et de paix, et expriment le souhait que l'Europe parle d'une seule voix dans le monde.

Les principales institutions européennes

Le Conseil européen
Les chefs des différents états de l'Union s'y rencontrent pour décider des grandes orientations de la politique européenne.
Le Conseil des ministres
Il est chargé de concrétiser les options du Conseil européen, par l'adoption de lois communautaires.
La Commission européenne
Elle a pour rôle de faire des propositions de lois, et de faire appliquer les décisions prises par les ministres des pays membres de l'UE.
Le Parlement européen
Il vote le budget et participe dans certains cas aux prises de décisions. Il est élu par tous les citoyens de l'UE, au suffrage universel direct.
La Banque centrale européenne (BCE)
Créée en 1998, elle a son siège à Francfort. Chargée de définir la politique monétaire de la zone euro, elle est également responsable de la stabilité des prix. C'est elle qui gère les réserves monétaires des pays de l'UE. Elle est indépendante des gouvernements nationaux.

Le Parlement européen à Strasbourg

une inquiétude Sorge – **la délocalisation** Verlagerung der Produktion – **le siège** Sitz.

La France et le monde

Le rôle de la France dans le monde

Après la Seconde Guerre mondiale et surtout après la perte de son empire colonial (→ La Seconde Guerre mondiale p. 44, La décolonisation p. 46), la France n'est plus qu'une nation d'importance moyenne sur le plan militaire et géo-économique. Néanmoins, son prestige en tant que « patrie de la liberté » est resté intact dans le monde entier jusqu'à nos jours.
Depuis la fondation de l'**ONU** (Organisation des Nations Unies) en 1945, la France est l'un des cinq membres permanents du **Conseil de sécurité**. En 1949, elle fait partie des douze pays de l'OTAN (Organisation du traité de l'Atlantique Nord), dont le siège se trouve à Paris (à partir de 1967 à Bruxelles).
Avec **Charles de Gaulle** (→ La Ve République p. 46) commence une nouvelle époque dans la politique mondiale de la France. Il multiplie les actions destinées à montrer que le pays n'est pas un simple vassal des Etats-Unis. Ainsi il retire les troupes françaises de l'OTAN, engage une politique de détente avec le monde socialiste, accorde son appui aux Etats qui tentent de préserver leur indépendance envers les deux grands blocs et met en place, dès 1960, une **force de dissuasion atomique**. La France est prête à prendre sa part de responsabilité aux côtés des alliés, mais entend garder la maîtrise de ses décisions. Ainsi par exemple, elle joue un rôle actif à plusieurs occasions en envoyant ses soldats dans les régions en crise. Pendant le conflit en ex-Yougoslavie, c'est la France qui envoie le contingent le plus important de Casques bleus. Elle est également présente en Somalie (1993) et au Rwanda (1994), et s'engage activement aux côtés des forces de l'OTAN au Kosovo (années 1990) et en Afghanistan (à partir de 2001).

La politique africaine après la décolonisation

(→ L'achèvement de la décolonisation p. 46)

Malgré les tensions qui ont précédé leur indépendance, les anciennes colonies (17 pays) ont maintenu des liens privilégiés avec la France. Il est vrai que les équipes dirigeantes ont souvent été mises en place par les Français qui, pour veiller à leurs intérêts, sont parfois allés jusqu'à soutenir des régimes non démocratiques – militairement, s'il le fallait (Zaïre 1978, Tchad 1983). Par ailleurs, il faut reconnaître que la France joue en Afrique un rôle stabilisateur en envoyant des soldats sur place en cas de mutinerie ou de crise politique grave (République Centrafricaine 1996, Côte d'Ivoire 2003). Elle accorde de plus une aide substantielle au développement.

en tant que als – **la détente** Entspannung – **l'appui** *m* Unterstützung – **la dissuasion** Abschreckung – **la maîtrise (de)** Herrschaft (über) – **un casque bleu** *ici :* Blauhelmsoldat – **maintenir** aufrechterhalten – **un lien** Verbindung – **veiller à qc** wachen – **la mutinerie** Aufruhr.

LE CANADA
L'AMÉRIQUE DU NORD
le Québec
St-Pierre-et-Miquelon
LES ÉTATS-UNIS
la Louisiane
L'OCÉAN
HAÏTI
la Guadeloupe
la Martinique
la Guyane française
l'île Clipperton
L'OCÉAN PACIFIQUE
les îles Marquises
la Polynésie française
Tahiti
L'AMÉRIQUE DU SUD
ATLANTIQUE
L'EUROPE
LA BELGIQUE
LE LUXEMBOURG
LA SUISSE
LA FRANCE
L'ASIE
LE LIBAN
LE MAROC
LA TUNISIE
L'ALGÉRIE
LA MAURITANIE
LE SÉNÉGAL
LE MALI
LE NIGER
LE TCHAD
L'AFRIQUE
DJIBOUTI
LA GUINÉE
LA RÉPUBLIQUE CENTRAFRICAINE
LA CÔTE-D'IVOIRE
LE BURKINA-FASO
LE TOGO
LE BÉNIN
LE CAMEROUN
LE GABON
LE CONGO
LE ZAÏRE
LE RWANDA
LE BURUNDI
LES COMORES
Mayotte
LES SEYCHELLES
MADAGASCAR
la Réunion
l'île Rodrigues
L'ÎLE MAURICE
L'OCÉAN INDIEN
les îles Kerguelen
les Terres australes et antarctiques françaises
L'OCÉAN PACIFIQUE
VANUATU
Wallis-et-Futuna
la Nouvelle-Calédonie
L'AUSTRALIE
L'ANTARCTIQUE
Les pays francophones
Pays ou régions où le français est langue maternelle et officielle
Pays ou régions où le français est langue officielle
Pays où le français est langue d'enseignement
Minorités francophones
Départements et territoires d'outre-mer (DOM-TOM)

Mais l'ingérence des Français dans la politique africaine est parfois mal acceptée par les pays concernés. Ainsi, en 2004, en Côte d'Ivoire, de violentes émeutes anti-françaises éclatent. Des soldats français sont tués, de nombreux Européens quittent le pays.

La zone franc CFA

Cette institution date de 1945/46 et a survécu à la décolonisation. Elle devrait contribuer à la stabilité monétaire de 14 pays d'**Afrique francophone**. Le franc CFA (Communauté financière africaine), dont la valeur était autrefois dépendante du franc français, est à présent indexé sur l'euro (1 € = 656 francs CFA), sa parité est garantie par la France. Librement convertible dans toute la zone franc CFA, il facilite les échanges économiques entre les pays membres.

Les sommets africains

Ce sont des conférences annuelles qui réunissent des chefs d'Etat d'Afrique francophone et le président de la République. Ils existent depuis 1973 et ont pour but de fixer les grandes lignes des relations entre les pays concernés.

La Coopération

Lors de la décolonisation, la France met en place une coopération très étroite avec les pays africains francophones. Celle-ci assure, certes, une présence politique et une influence sur les marchés, mais fournit également une assistance directe aux cadres locaux.
Aujourd'hui, **la Direction générale de la Coopération et du Développement** dépend du ministère des Affaires étrangères. Elle a pour mission d'apporter une assistance technique, financière, culturelle, agricole et sanitaire aux pays en voie de développement (notamment en Afrique francophone) et d'y soutenir l'enseignement du Français.
Traditionnellement, les coopérants étaient souvent de jeunes appelés qui remplaçaient le service militaire par un service civil dans la coopération. Depuis l'abrogation du service national obligatoire, les coopérants sont des volontaires civils (→ Le service militaire p. 61).

Les pays francophones

Le rôle de la langue française dans le monde

A partir du 16e siècle, le latin, langue internationale, est peu à peu remplacé par le français qui devient en Europe la langue des diplomates et de la haute société. Il

l'ingérence *f* Einmischung – **une émeute** Aufstand – **indexer sur** abstimmen auf, anbinden an – **convertible** umtauschbar – **un sommet** Gipfel – **certes** gewiss, sicher – **en voie de** auf dem Wege zu, im Begriff zu – **l'abrogation** *f* Aufhebung.

se répand sur les autres continents à la suite des conquêtes coloniales françaises et belges. Le monopole du français comme langue diplomatique prend fin en 1919 avec le traité de Versailles, rédigé aussi en anglais. Aujourd'hui, le français, 2e langue internationale, est toujours une des langues officielles de grands organismes internationaux. Il est également, avec l'anglais, la seule langue de travail de l'**ONU**, de l'**UE** mais aussi des Jeux olympiques. L'importance du français dans le monde tient moins au nombre de francophones (environ 130 millions) qu'à sa diffusion : on le parle dans 50 Etats ou parties d'Etat sur les cinq continents.

Europe

Le français est la langue maternelle de 45% des **Belges** et de 19% des **Suisses.**

Amérique

Au **Canada**, le français partage avec l'anglais le statut de langue officielle. C'est la langue maternelle de 23% de la population. Dans la province de **Québec**, où le français est la seule langue officielle, on compte plus de 80% de francophones. En **Louisiane**, le français jouit depuis 1968 d'un statut officiel.

Afrique

Après l'indépendance, les pays du **Maghreb** (Tunisie, Algérie, Maroc) adoptent l'arabe comme **langue officielle** (→ La décolonisation p. 46). Néanmoins, le français reste vivant dans les secteurs économique et scientifique, ou comme **langue d'enseignement**.

Dans 22 Etats d'Afrique noire, le français occupe une place privilégiée en tant que langue officielle, langue d'administration, d'enseignement et de médias. Il permet la communication nationale dans des pays où cohabitent une multitude de dialectes. La langue française représente aussi une possibilité d'accès au développement technique du monde moderne et à la communication internationale, ainsi qu'un moyen de promotion sociale. Pourtant, certains voient dans son utilisation le risque d'une perte d'identité culturelle.

La francophonie – un espace linguistique et culturel

Le monde francophone réunit des pays parfois éloignés sur le plan géographique, idéologique et culturel, mais qui ont en commun l'usage du français, outil d'échanges et de communication. Les pays africains, qui tout en revendiquant leur indépendance nationale politique restent attachés à la culture française, sont avec le Canada à l'origine de ce mouvement, au début des années 1960. La France se laisse peu à peu gagner par cette idée. On crée, en 1984, un **Haut Conseil de la Francophonie** et, en 1988, un **Ministère de la Francophonie** (transformé par la suite en

une conquête Eroberung – **la diffusion** Verbreitung – **jouir de** genießen – **la promotion sociale** gesellschaftlicher Aufstieg – **une perte** Verlust – **un outil** Werkzeug – **revendiquer** fordern.

Secrétariat d'Etat). A l'heure actuelle, on peut constater une influence croissante des pays francophones extra-européens sur la vie culturelle française. Le satellite TV 5, entre autres, contribue à renforcer les liens au sein du monde francophone.
En 1986 a lieu le premier **sommet de la francophonie**. Depuis, 51 pays, dont la majorité appartient au tiers monde, prennent part à ces réunions qui permettent d'établir des contacts informels, d'intensifier le dialogue Nord-Sud et de jeter les bases d'un espace francophone économique et technologique tout autant que culturel et linguistique.
Depuis 1989, des **Jeux de la Francophonie** rassemblent les pays francophones pour des épreuves sportives et des concours artistiques.

Le français, langue étrangère

Le français est la langue étrangère la plus enseignée après l'anglais. Il est appris par environ 25 millions d'élèves dans le monde. A ces effectifs s'ajoutent les établissements français à l'étranger : près de 75 000 élèves étrangers sont scolarisés dans des écoles françaises, et à peu près 425 000 personnes suivent des cours de français dans les **Centres culturels** et les **Alliances françaises**.

croissant,e zunehmend, wachsend – **renforcer** verstärken – **au sein de** innerhalb von.

Chapitre 7 : Culture – Les médias – Religion – La philosophie française – Les Français et leur langue

Culture

Littérature (→ *tableau* p. 121-126)

Le XVIe siècle

Dans la première moitié du siècle, l'influence italienne amène en France l'**humanisme**. Dans ses *Essais*, **Montaigne** apparaît comme un moraliste qui désire se connaître : « Je suis moi-même la matière de mon livre ».
En même temps, les auteurs de la *Pléiade* (**Ronsard**, **Du Bellay**) défendent l'originalité de la langue française contre des traductions trop serviles du latin ou du grec. Le modèle antique reste la référence, il va marquer la littérature française jusqu'au classicisme.

Le XVIIe siècle

C'est le siècle classique. L'**Académie Française**, créée en 1635, fixe les normes de la langue (→ Les Français et leur langue p. 138). Dans ses écrits, **Descartes** ordonne ses idées grâce à la logique (→ René Descartes p. 135), pendant que **Pascal** réfléchit dans ses *Pensées* sur les sciences et la religion.
Boileau jette les bases de l'esthétique classique :
- admiration des Anciens ;
- recherche du naturel ;
- « de la mesure avant toute chose » ;
- un style clair et une fine analyse psychologique ;
- la règle des trois unités : une pièce de théâtre doit avoir une action simple, qui se joue en un seul lieu et pendant une seule journée.

A la cour de Louis XIV, le théâtre triomphe avec les pièces de **Corneille**, dont les personnages sont actifs et guidés par le devoir (*Le Cid*), **Racine**, qui peint la passion fatale dans ses tragédies (*Phèdre*), et les comédies de caractères de **Molière**, dans lesquelles il montre les défauts de la société de son temps (*Le misanthrophe*, *Le malade imaginaire*).
Le théâtre de la **Comédie française**, créé en 1680 et issu, entre autres, de la troupe de Molière, ouvre une longue tradition de théâtre classique en France.

servile sklavisch – **l'admiration** *f* Bewunderung, Verehrung – **fatal,e** verhängnisvoll – **issu,e de** hervorgegangen aus.

Le XVIIIe siècle

Appelé « **siècle des lumières** », c'est aussi celui des « philosophes », dont **Voltaire, Diderot** et **Rousseau** sont les plus importants (→ Les philosophes du « siècle des lumières » p. 138).

Le XIXe siècle

Le **romantisme**, importé d'Allemagne, retrouve le Moyen Age religieux, comme **Chateaubriand** dans *Le génie du christianisme*. Il préfère l'imagination et la sensibilité aux froids calculs de la pensée ; le poète romantique se sent en communion avec la nature et l'humanité.
Le **théâtre romantique** n'accepte pas les règles, il mélange volontiers les genres (tragédie et comédie), et veut une peinture totale de la réalité. La première représentation d'*Hernani*, pièce de **Victor Hugo** selon la nouvelle esthétique, à la **Comédie française**, provoque une bataille entre les partisans et les adversaires du nouveau théâtre (1830).
Cependant, le genre préféré du siècle est le **roman**. Les grands romanciers décrivent les subtilités de la psychologie amoureuse (par exexemple **Stendhal** dans *Le rouge et le noir* ou *La chartreuse de Parme*), la société corrompue (**Balzac** dans *La comédie humaine*), ou la misère du peuple, comme **Victor Hugo** dans *Les misérables*. En **poésie**, **Lamartine** chante le temps qui passe, **Victor Hugo** les joies et les peines de la vie de l'homme.
Les **Parnassiens**, comme par exemple **Leconte de Lisle**, réagissent contre le romantisme et cherchent une forme plus stricte.
Dans *Les fleurs du mal* (1857), **Baudelaire** décrit à travers sa propre expérience la tragédie de l'être humain, déchiré entre le *Bien* et le *Mal*. Pour lui, le rôle du poète est d'établir des correspondances entre le monde visible et celui de l'esprit.
Le **réalisme** marque le roman de la fin du siècle. L'observation réaliste était déjà présente dans les romans de **Balzac** et de **Stendhal**. C'est **Flaubert** cependant qui, dans *Madame Bovary* (1853), fait de l'observation et de la documentation la base du roman.
Chez Guy de **Maupassant**, le pessimisme est l'expérience fondamentale : « Je souffre de ce qui est, parce que je le connais trop ». Il fait une peinture vraie de la société, en particulier des petites gens. Ses principaux thèmes sont la mort, la peur et la solitude de l'homme.
Le **naturalisme** : **Emile Zola** définit le naturalisme comme une science expérimentale appliquée à la littérature. Dans *Les Rougon-Macquart*, une série de 20 romans, Zola peint l'« histoire naturelle et sociale d'une famille sous le Second Empire ». Les personnages principaux de ces romans sont le plus souvent issus des milieux populaires (→ Second Empire p. 41).

le « siècle des lumières » Zeitalter der Aufklärung – **la sensibilité** Empfindsamkeit – **en communion** in Übereinstimmung – **un partisan** Anhänger – **un adversaire** Gegner – **la subtilité** Feinheit – **corrompre** verderben – **la peine** Mühe – **déchirer** zerreißen – **appliquer** anwenden.

Le XXe siècle

Le **surréalisme** : annoncé par **Guillaume Apollinaire** et défini par **André Breton** (*Manifeste du surréalisme*, 1924), le surréalisme donne la priorité à l'instinct, à l'imagination, au rêve, contre toutes les formes d'ordre.

L'**existentialisme** : selon **Jean-Paul Sartre**, l'homme naît libre et il est responsable de ce qu'il fait de son existence (→ Jean-Paul Sartre, p. 137). Dans *Huis clos* (1944), les personnages s'aperçoivent que leurs actes continuent à vivre dans la conscience des autres, même après la mort. Dans *Les mains sales* (1948), l'intellectuel est confronté à l'action politique. Le héros de cette pièce constate que la pureté ne sert à rien dans l'action, il faut savoir « se salir les mains » pour arriver à son but.

Albert Camus part de l'expérience d'un monde absurde, contre lequel l'homme se révolte. Il est comme Sisyphe, qui doit éternellement pousser sa pierre au sommet (*Le mythe de Sisyphe*, 1942). Cette révolte contre l'inhumanité et l'absurdité du monde moderne est le sujet dominant de ses romans (*L'étranger, La peste*) et de son théâtre (*Les justes, Caligula* ; → Albert Camus, p. 139).

En dehors des grands mouvements du siècle, de nombreux écrivains ont marqué notre époque :

Romain Rolland défend jusqu'à sa mort en 1944 le pacifisme et l'amitié entre les peuples. Avec *Jean-Christophe*, il crée le « roman-fleuve » (10 volumes). **Paul Claudel** dans son théâtre et **Charles Péguy** dans sa prose et sa poésie renouvellent une inspiration chrétienne mystique. Tandis qu'**André Gide** ne cache rien de ses sentiments dans ses œuvres, qui décrivent comment un homme se libère de tous les tabous de la société, **Paul Valéry** cherche la poésie pure par des exercices intellectuels. **Marcel Proust** est un des maîtres du roman du XXe siècle. Il décrit l'aristocratie et le snobisme de la bourgeoisie. Ses personnages cherchent le bonheur et le trouvent dans le souvenir du passé (*A la recherche du temps perdu*). **André Malraux** décrit dans *La condition humaine* le courage et la solidarité devant la mort. Ministre des Affaires culturelles du général De Gaulle, Malraux étudie aussi les rapports entre l'art et la civilisation (*Les voix du Silence*, 1951). **Antoine de Saint-Exupéry** médite sur son expérience de pilote et sur la solidarité humaine (*Le Petit Prince*, 1943), avant de disparaître en mission en 1944.

Dans ses pièces, **Jean Anouilh** donne aux meilleurs de ses personnages un puissant désir de pureté et d'intégrité. Comme la société est corrompue, le seul moyen qui leur reste est la fuite, l'évasion consciente (*Antigone*, 1944).

Le **nouveau roman** : dans la deuxième moitié du siècle, **Michel Butor**, **Alain Robbe-Grillet** et **Nathalie Sarraute** inventent le « nouveau roman ». Ce genre est caractérisé par un déroulement de l'histoire qui n'est ni chronologique ni logique ; ainsi,

la conscience Bewusstsein – **la pureté** Reinheit – **salir** beschmutzen – **un sommet** Gipfel – **un roman-fleuve** Romanzyklus – **renouveler** erneuern – **méditer** meditieren, nachdenken – **en mission** im (militärischen) Einsatz – **puissant, e** stark – **l'intégrité** *f* Rechtschaffenheit – **une évasion** Ausbrechen – **conscient, e** bewusst – **le déroulement** *ici :* Ablauf.

chaque épisode permet plusieurs interprétations de la réalité. **Claude Simon** (1913-2005), l'un des principaux représentants du nouveau roman, reçoit le Prix Nobel en 1985.

Le **nouveau théâtre** : inspirés par l'angoisse des existentialistes, les auteurs de ce théâtre laissent leurs personnages agir dans un monde absurde ; en général, ceux-ci sont dépeints d'une façon comique et ils n'apparaissent que comme des caricatures. **Samuel Beckett** pratique la désintégration de l'action, du dialogue et des personnages (*En attendant Godot*, 1953).

Eugène Ionesco s'attaque aux dangers de l'automatisation de la parole et des gestes qui menacent l'homme (*Les chaises*, 1952 ; *Rhinocéros*, 1960).

Auteurs d'aujourd'hui

On peut distinguer plusieurs tendances dans la littérature française depuis les années 50 :

Le **roman autobiographique**, qui a fait la gloire d'**André Malraux** (*La condition humaine*, 1933) ou de **Simone de Beauvoir** (*Mémoires d'une jeune fille rangée*, 1958), est toujours d'actualité. **Hervé Bazin** (1911-1996) raconte son enfance et ses relations difficiles entre parents et enfants : *Vipère au poing* (1948). **Robert Sabatier** (né en 1923) parle des problèmes de l'enfance et de l'adolescence dans une série de romans dont le personnage principal, Olivier, lui ressemble beaucoup : *Les allumettes suédoises* (1969), *Trois sucettes à la menthe* (1972), *Les noisettes sauvages* (1974).

François Nourissier (né en 1927) considère que la littérature permet à l'auteur de dire plus de choses sur lui-même. Ses œuvres prennent la forme de chroniques : *Bleu comme la nuit* (1958), *Un petit bourgeois* (1963).

L'**analyse psychologique** est un genre où les femmes dominent. **Marguerite Yourcenar** (1903-1987), première femme élue à l'Académie française (1980 ; → l'Académie française, p. 139), fait revivre des personnages historiques (*Mémoires d'Hadrien*, 1951) ou les membres de sa famille (*Archives du Nord*, 1977) dans de grandes fresques. **Marguerite Duras** (1914-1996), née en Indochine, est devenue célèbre, entre autres, grâce au cinéma, qui a adapté la plupart de ses œuvres : *Hiroshima, mon amour* (1959), *L'amant* (1984). **Françoise Mallet-Joris** (née en 1930) veut décrire la psychologie de la femme sans hypocrisie (*La maison de papier*, 1970). **Françoise Sagan** (1935-2004) est devenue célèbre à dix-huit ans avec *Bonjour tristesse* ; elle peint un monde de richesse où les personnages s'ennuient.

Les romans de **Jean-Marie Le Clézio** traitent des problèmes existentiels de l'homme tels que la solitude, l'errance et les fatalités de la condition humaine (*Le procès-verbal*, 1963, *Le chercheur d'or*, 1985, *Etoile errante* 1992).

l'angoisse *f* Angst – **dépeindre** schildern – **la désintégration** vollständige Auflösung – **une fresque** *ici :* (Monumental-)Schilderung – **l'hypocrisie** *f* Heuchelei – **s'ennuyer** sich langweilen – **l'errance** *f ici :* Heimatlosigkeit – **la fatalité** schicksalhafter Ablauf.

Le **réalisme** prend de nouvelles formes. **Georges Perec** (1932-1982) construit ses romans comme des puzzles, avec des morceaux de réalité (*La vie mode d'emploi*, 1978). **Albert Cohen** (1895-1981) observe avec humour le monde diplomatique qui l'entoure et en donne des descriptions précises mêlées de poésie : *Belle du seigneur* (1968).
Le **roman historique** est très populaire en France et se vend bien. **Henri Troyat** (né en 1911) s'en est fait une spécialité. L'histoire est souvent mêlée de régionalisme : **Bernard Clavel** (né en 1923) pour le Jura, **Marcel Pagnol** (1895-1974) pour la Provence, **Henri Queffélec** (1910-1992) ou **Pierre-Jakez Hélias** (1914-1985) pour la Bretagne. **Patrick Modiano** (né en 1945) mêle le réel et l'imaginaire à la recherche d'une identité (*Rue des boutiques obscures*, 1978). Ses romans ont souvent pour cadre la période de l'Occupation (*Lacombe Lucien*, 1974).
Michel Tournier (né en 1924) s'inspire des vieux mythes (*Le roi des Aulnes*, 1970), et écrit aussi pour les enfants (*Vendredi ou la vie sauvage*, 1977).
D'autres écrivains prennent la réalité quotidienne comme point de départ pour critiquer le monde moderne, tels que, par exexemple, **Romain Gary** (1914-1980). Ce dernier, sous le pseudonyme d'Emile Ajar, publie plusieurs romans très populaires dont *La vie devant soi* (1975) où un jeune garçon raconte les années qu'il a passées chez une ancienne prostituée d'origine juive s'occupant d'enfants dont les parents ne voulaient plus.
Sur les traces de Jules Verne (1828-1905), certains auteurs imaginent le futur. **Pierre Boulle** (1912-1994) décrit un monde où les singes ont pris le pouvoir (*La planète des singes*, 1963), tandis que **René Barjavel** montre comment le progrès peut conduire à la catastrophe (*Ravage*, 1943).
Le **roman d'action** est représenté, entre autres, par **Joseph Kessel** (1898-1978), dont le récit *Le lion* (1958) a été un grand succès.
Il ne faut pas oublier le **roman policier** ou « **polar** », avec le créateur du célèbre commissaire Maigret, le Belge **Georges Simenon** (1903-1989), qui fait des études de milieu, ou **Frédéric Dard** (1921-2000) qui, avec la série des *San Antonio*, a mis l'argot à la mode. **Daniel Pennac** (né en 1944) écrit des « polars » d'un genre très particulier. Ce sont des œuvres raffinées et compliquées, où se mélangent l'histoire criminelle et le conte (*Monsieur Malaussène*, 1997).
Michel Houellebecq (né en 1958) est l'auteur le plus spectaculaire des années 1990. Ses livres (par exemple *Les particules élémentaires*), écrits dans une langue sobre, sont des best-sellers dans le monde entier. On peut le considérer comme le représentant d'un nouveau réalisme. L'écrivain français le plus lu au début du 21e siècle est **Eric-Emmanuel Schmitt** (né en 1960). On lui doit des pièces de théâtre, des romans (*Monsieur Ibrahim et les fleurs du Coran*) et des contes philosophiques. Un des principaux thèmes de son œuvre est la tolérance religieuse.

mêler de mischen mit – **une trace** Spur – **un singe** Affe – **sobre** nüchtern – **devoir** *ici :* verdanken.

D'autres auteurs, qui ne viennent pas de France métropolitaine, ont pourtant une place importante dans le paysage littéraire français. Ainsi, **Patrick Chamoiseau**, né en 1952 en Martinique, décrit avec humour et tendresse dans un français teinté de créole la situation actuelle des Antilles et la vie des Martiniquais (*Texaco*, Prix Goncourt 1992). **Amin Maalouf** (né en 1949 à Beyrouth) défend une société multiculturelle. Ses livres ont pour thème central les rapports entre l'Orient et l'Occident (*Le rocher de Tanios*, Prix Goncourt 1993). **Tahar Ben Jelloun** (né en 1944), auteur marocain vivant en France, donne la parole aux marginaux. Il écrit, dans un style rappelant la tradition des conteurs nord-africains, des livres sur les problèmes des immigrés : intégration, recherche d'une identité, rôle de la femme. **Azouz Begag** est né en 1957, en France, de parents maghrébins. Il se voit comme un écrivain engagé. Son œuvre, très autobiographique, raconte dans le langage des beurs leurs soucis et leurs angoisses.

Les prix littéraires

Parmi les innombrables prix littéraires, le prix **Goncourt** est le plus connu ; il a été créé par l'écrivain naturaliste Edmond de Goncourt, en souvenir de son frère Jules. Il est attribué pour la première fois en 1902. En principe, il est destiné à faire connaître un jeune auteur de texte en prose. D'autres prix : l'**Interallié** (qui va de préférence à un roman de journaliste), le **Fémina** (attribué par un jury de femmes à un roman ou une autre œuvre de fiction) et le **Médicis** (réservé à un roman paru dans les douze mois précédents et apportant un ton ou un style nouveau).

la tendresse Zärtlichkeit – **teinté,e** gefärbt – **le créole** Kreolisch – **un marginal** Außenseiter – **un conteur** Erzähler – **un beur** *verlan* un nord-africain né en France de parents immigrés – **le souci** Sorge – **innombrable** unzählig.

Littérature	Architecture	Peinture	Sculpture	Musique
Le Moyen Age				
Les **Chansons de geste** célèbrent les exploits des grands personnages historiques (*La Chanson de Roland*). La **littérature courtoise**: les romans d'aventure et d'amour **Chrétien de Troyes**: *Lancelot*; *Perceval*; *Yvain, ou le chevalier au lion*; *Tristan et Iseut*. La poésie de **François Villon**: *Le Grand Testament*.	**Art roman** (1000-1150): grandes églises le long des routes de Saint-Jacques de Compostelle en Bourgogne, Provence, Auvergne et dans le Poitou. **Art gothique** (1150-1500): le temps des cathédrales de plus en plus hautes, aux fenêtres décorées (Chartres, Strasbourg, Reims, Notre Dame de Paris).	**Fresques romanes** (église de Saint-Savin, près de Poitiers). **Fresques gothiques**: miniatures sur les livres (Début du XVe: *Très Riches Heures du Duc de Berry*, par les **frères de Limbourg**).	**Sculpture romane**: tympans et chapiteaux. **Sculpture gothique**: portails des cathédrales.	Les **troubadours** et **trouvères** chantent l'amour dans les cours (= Minnesänger).
Le XVIe siècle				
Rabelais (1494-1553) introduit l'esprit de la **Renaissance** dans la littérature (*Pantagruel*). Les auteurs de la **Pléiade** défendent la langue française: **Du Bellay** (1522-15601), **Ronsard** (1524-1585). L'homme au centre de la littérature : L'**humanisme – Montaigne** (1533-1592): *Les Essais*.	La **Renaissance**: influence italienne, mais avec tradition gothique française (Fontainebleau, Châteaux de la Loire: Blois, Chambord, Chenonceaux, Azay-le-Rideau).	La **Renaissance** découvre la perspective. **Clouet** (1475-1540) crée une école du portrait en France.	Le corps humain: nymphes de la Fontaine des Innocents (Paris). La décoration intérieure sous l'influence italienne: **Le Primatice** décore les appartements de Fontainebleau.	Aux XVe et XVIe siècles: musique polyphonique, où le chant accompagne la musique d'un instrument.

Littérature	Architecture	Peinture	Sculpture	Musique
Le XVIIe siècle				
Le **classicisme** (→ Le XVIIe siècle, p. 115); préparé par **Boileau** (1636-1711), qui en établit les règles. Le triomphe du théâtre avec: **Corneille** (1606-1684) **Racine** (1639-1699) **Molière** (1622-1673). Création de la **Comédie Française** (1680). **La Fontaine** (1621-1695), à travers ses *Fables*, critique ses contemporains et en particulier les nobles. **Mme de Sévigné** (1626-1696) peint dans ses lettres la société de son époque.	**Style classique**: symétrie, équilibre, lignes droites, jardins « à la française » (lignes géométriques) (Château de Versailles, La Cour carrée du Louvre).	**Classicisme**: **Le Brun** (1619-1687) dicte les règles à l'Académie des Beaux-Arts: priorité du dessin sur la couleur, thèmes historiques. **Le Lorrain** (1600-1682): la lumière. **Georges de la Tour** (1593-1652): le portrait. **Poussin** (1594-1665) : inspiration classique, sujets bibliques ou philosophiques.	**Art plastique** sous l'influence de la Grèce antique. **Coysevox** fait des bustes de Louis XIV.	**Musique de ballet** pour la Cour du roi. **Lully** (1632-1687) **Couperin** (1668-1733) **Rameau** (1683-1764). Création de l'Opéra-ballet, compromis entre la tragédie, l'opéra italien et le ballet de cour.

une chanson de geste Heldenlied,- epos – **un exploit** Heldentat – **courtois,e** *ici :* höfisch – **carré,e** quadratisch – **un tympan** Tympanon – **un chapiteau** Kapitell – **un portail** Portal – **un trouvère** nordfrz. Minnesänger.

Le XVIIIe siècle				
Le **siècle des lumières** (→ Le XVIIIe siècle p. 116) Les « philosophes » : **Diderot** (1713-1784) **Voltaire** (1694-1778) **Montesquieu** (1689-1755) **Rousseau** (1712-1778).	Sous Louis XV: **style rococo** ou **rocaille**: riches ornements de la façade. Sous Louis XVI: **style néo-classique**: harmonie entre architecture et décoration.	Le sentiment entre dans la peinture. **Watteau** (1684-1721): maître des fêtes galantes. **Greuze** (1725-1805): tableaux de genre. **Fragonard** (1732-1806): paysages idylliques, femmes coquettes.	Riche décoration sous Louis XV: **style rococo**. Les frères **Adam** décorent le parc de Versailles. Sous Louis XVI: **style néo-classique**: ornements plus simples et lignes géométriques (→ architecture).	Triomphe de la musique italienne. L'**opéra-comique** mêle le chanté et le parlé. **Gluck** (1714-1787) d'origine allemande, fait une partie de sa carrière à Paris (*Alceste*, 1776).

Le XIXe siècle				
Le **romantisme**: création d'une nouvelle théorie du théâtre (→ Le XIXe siècle p. 116). Théâtre : **Hugo**: *Hernani* (1830), *Ruy Blas* (1838) **Lyrisme:** **Lamartine** (1790-1869) **Hugo** (1802-1885) **A. de Vigny** (1797-1863)	Imitation du **style antique** sous Napoléon (Paris, Arc de triomphe) Le **romantisme** met le Moyen-Age à la mode : **néo-gothique** Restaurations nombreuses (Viollet-le-Duc).	Le **romantisme** (1ère moitié du siècle): couleur, expression, exotisme ou thèmes historiques; préparé par **Géricault** (1791-1824) représenté par **Delacroix** (1798-1863).	**Rude** (1784-1855) allie tradition classique et mouvement romantique. (La *Marseillaise* sur l'Arc de triomphe de l'Etoile, (1832-1835).	**Bizet** (1838-1875) résiste à la mode italienne dans l'opéra (*Carmen*, 1875); il adapte des textes littéraires (*L'Arlésienne*, 1872, d'après Daudet).

Littérature	Architecture	Peinture	Sculpture	Musique
Le XIXe siècle				
Prose : **Chateaubriand** (1768-1848). Le **réalisme** (→ Le XIXe siècle p. 116) : réaction contre le romantisme; s'exprime surtout dans le roman: **Balzac** (1799-1850) **Stendhal** (1783-1842) **Flaubert** (1821-1880) **Guy de Maupassant** (1850-1893). Le **naturalisme** (→ Le XIXe siècle p. 116): **Zola** (1840-1902). **Poésie :** Le **symbolisme** (→ Le XIXe siècle p. 116): préparé par **Baudelaire** (1821-1867) et les **Parnassiens**. **Verlaine** (1844-1896): il réclame une poésie plastique et musicale. **Rimbaud** (1854-1891): le rêve et l'hallucination sont la base de la poésie. **Mallarmé** (1842-1898) : dans ses poèmes, il essaie de pénétrer le mystère de l'univers.		Le **néo-classicisme** (1ère moitié du siècle): **Ingres** (1780-1867) cherche la clarté et la paix. **Ecole de Barbizon** (milieu et fin du siècle) du nom du village de Barbizon: **Millet** (1814-1875): vie paysanne. **Corot** (1796-1875): maître de la couleur, prépare l'**impressionnisme**. **Ecole de Pont-Aven** (à partir de 1886): **Gauguin** (1848-1903) interprète le paysage et le corps, prépare l'art moderne. **Réalisme** (2e moitié du siècle): **Daumier** (1808-1879): caricaturiste; **Courbet** (1819-1877) : scènes de la vie quotidienne. **Impressionnisme**: importance de la lumière, photographie d'un paysage, impressions du peintre devant la nature: **Monet** (1840-1926), **Pissarro** (1830-1903), **Renoir** (1841-1919), **Cézanne** (1839-1906), **Manet** (1832-1883), **Degas** (1834-1917), **Sisley** (1839-1899).	**Rodin** (1840-1917) influencé par **Michel-Ange**: le mariage du geste et de la lumière. (*Le Penseur*, 1880).	**Berlioz** (1803-1869) auteur de messes, de symphonies et d'opérascomiques (*La damnation de Faust*, 1828). **Gounod** (1818-1893) auteur d'opéras (*Roméo et Juliette*) et de musique religieuse, la sensibilité dans la musique.

Le XXe siècle

Les grands courants (→ Le XXe siècle p. 117): Le **surréalisme**: **Breton**, **Eluard**, **Aragon**, et, dans une certaine mesure, **Prévert**. L'**existentialisme**: **Sartre** (1905-1980), **Camus** (1913-1960), **Simone de Beauvoir** (1908-1986) qui lutte pour l'émancipation de la femme. Le **« nouveau roman »**: **Butor**, **Robbe-Grillet**, **Sarraute**, **Simon**. Le **nouveau théâtre**: **Ionesco** (1912-1994), **Beckett** (1906-1989). Grands auteurs du XXe siècle: **Rolland** (1866-1944), **Claudel** (1868-1955), **Gide** (1869-1951), **Proust** (1871-1922), **Valéry** (1871-1945), **Péguy** (1873-1914), **Antoine de Saint-Exupéry** (1900-1944), **Malraux** (1901-1976), **Anouilh** (1910-1987).	Adaptation de l'architecture aux techniques industrielles. Le fer, l'acier, le béton et le verre (la Tour Eiffel, le Centre Pompidou, l'Arche de la Défense, la Pyramide du Louvre). (→ Architecture, p. 25).	Le **fauvisme** (1905-1907): le peintre s'exprime avec énergie dans ses tableaux: **Matisse** (1861-1954) **Rouault** (1871-1958) **Vlaminck** (1876-1958). **Néo-impressionnisme** (pointillisme): Les couleurs pures ne sont plus mélangées: **Seurat** (1859-1891) **Signac** (1863-1935). **Cubisme:** Le peintre anlyse le portrait ou le paysage; il préfère les lignes géométriques: **Delaunay** (1885-1941). **Le Bateau-Lavoir** (ateliers d'artistes créés vers 1860 à Paris): **Picasso** (1881-1973), **Braque** (1882-1963); **Chagall** (1887-1985), dont l'inspiration est biblique (*Message biblique*, Nice, 1955), renouvelle l'art de la fresque (plafond de l'Opéra de Paris) et du vitrail (cathédrale de Metz).	Grands génies isolés. **Maillol** (1861-1944): spécialiste du corps féminin. **Giacometti** (1901-1966): formes abstraites. **Picasso**, **Braque**, **Matisse**: peintres, sculpteurs. **César** (né en 1921): « Compressions » de matériaux (voitures, plastiques, carton); fonde en 1960 le groupe des **Nouveaux Réalistes**.	Recherches scientifiques, nouvelles voies: **Debussy** (1862-1918) applique l'impressionnisme à la musique. **Ravel** (1875-1937) renouvelle les sonorités de l'orchestre (*Boléro*). Le *Groupe des Six*, fondé en 1918, avec **Milhaud**, **Poulenc** et **Honegger**, est à l'avant-garde des recherches. **Messiaen** (1908-1992) forme une école de compositeurs, synthèse entre catholicisme, chant des oiseaux et exotisme (musiques de l'Inde, de Baili, du Japon, d'Amérique latine).

Littérature	Architecture	Peinture	Sculpture	Musique
Le XXe siècle				
Auteurs d'aujourd'hui (→ p. 118) : **Hervé Bazin** (1911-1996), **Robert Sabatier** (né en 1923), **François Nourissier** (né en 1927), **Marguerite Yourcenar** (1903-1987), **Marguerite Duras** (1914-1996), **Françoise Mallet-Joris** (née en 1930), **Françoise Sagan** (1935-2004), **Jean Marie Le Clézio** (né en 1940), **Georges Perec** (1932-1982), **Albert Cohen** (1895-1981), **Henri Troyat** (né en 1911), **Bernard Clavel** (né en 1923), **Marcel Pagnol** (1895-1974), **Henri Queffélec** (1910-1992), **Pierre-Jakez Hélias** (1914-1985), **Patrick Modiano** (né en 1945), **Michel Tournier** (né en 1924), **Romain Gary** (1914-1980), **Pierre Boulle** (1912-1994), **René Barjavel** (1911-1988), **Joseph Kessel** (1898-1978), **Georges Simenon** (1903-1989), **Frédéric Dard** (1921-2000), **Daniel Pennac** (né en 1944), **Michel Houellebecq** (né en 1958), **Eric-Emmanuel Schmitt** (né en 1960), **Patrick Chamoiseau** (né en 1952), **Amin Maalouf** (né en 1949), **Tahar Ben Jelloun** (né en 1944), **Azouz Begag** (né en 1957).				**Boulez** (né en 1925) compositeur et chef d'orchestre, est à la pointe de la recherche musicale (musique sérielle). (La chanson française après 1945 (→ p. 127)

un matériau Werkstoff – **appliquer à qc** *ici :* übertragen – **un vitrail** Kirchenfenster.

La chanson française après 1945

La tradition

Maurice Chevalier (1888-1972), qui apprend le métier de chanteur au café-concert, cultive son accent parisien et flatte le patriotisme français. Sa silhouette a été popularisée par le cinéma.
Dans le même style populaire, avec des textes poétiques, **Charles Trenet**, né en 1913, chante *La mer, Douce France* ou *L'âme des poètes*.
Edith Piaf (1915-1963), au début chanteuse des rues, connaît une célébrité mondiale. Elle met une voix puissante au service de textes réalistes, qui chantent la fatalité de l'amour, l'espoir et le malheur.

Les « classiques » : auteurs, compositeurs et interprètes

Georges Brassens (1921-1981) : jamais séparé de sa pipe ou de sa guitare, anticonformiste, il se moque de lui-même et de la société, et il chante l'amour (*Les bancs publics*) et l'amitié (*Les copains d'abord*).
Jacques Brel (belge, 1929-1978) : très présent sur la scène, critique et polémiste, il écrit, entre autres, de belles chansons d'amour (*Ne me quitte pas*).
Jean Ferrat, né en 1930, chante l'amour sur des textes d'Aragon (*Que serais-je sans toi*) ou son engagement à gauche (*Potemkine*).
Léo Ferré, (1916-1993), met aussi en musique des textes de poètes (Rimbaud, Verlaine, Aragon, Apollinaire) ou compose des chansons anarchistes, tendres et cruelles (*Jolie Môme*).
Serge Gainsbourg (1928-1991) chante l'amour et compose beaucoup de musiques de films.

L'époque « yé-yé »

Au début des années 60, une nouvelle génération de chanteurs français essaie d'adapter les rythmes anglo-américains à la chanson française (**Johnny Hallyday, Eddie Mitchell**). C'est le point de départ du mouvement « yé-yé », dont certaines vedettes sont toujours célèbres aujourd'hui : **Sylvie Vartan**, **Françoise Hardy** ou **France Gall**, par exemple.

Génération 1968

Les « événements » de mai 1968 (→ Développement et tendances de la société française au XXᵉ siècle p. 63) popularisent des chanteurs aux paroles assez contestataires, comme **Georges Moustaki** (*Le métèque*) et **Maxime Le Forestier** (*Parachutiste*), ou encore des « provocateurs » tels que **Serge Gainsbourg**, **Jacques Higelin** et **Brigitte Fontaine**. La chanson se politise, exprime des revendications diverses :

flatter schmeicheln – **la fatalité** Schicksalhaftigkeit – **un espoir** Hoffnung –**tendre** empfindsam – **cruel,le** grausam – **une vedette** Star – **contestataire** Protest- – **une revendication** Forderung.

identité régionale pour **Alain Stivell** (Bretagne), **Marti** (Occitanie), et **Roger Siffer** (Alsace), identité francophone pour les Québecois **Gilles Vigneault** et **Diane Dufresne**. Les chanteurs sont le plus souvent engagés à gauche (**Bernard Lavilliers, Charlélie Couture**), beaucoup plus rarement à droite (**Michel Sardou**).
Parallèlement à ce mouvement, la chanson dite « de variété » se développe, favorisée par de nombreuses émissions de télévision. C'est une musique populaire, légère, sans grande profondeur, représentée par des artistes comme **Mireille Mathieu**, **Nana Mouskouri** et **Joe Dassin**.

La nouvelle chanson française

Ce courant, né dans les années 70, cherche un style propre en refusant l'influence anglo-saxonne. On peut y rattacher des chanteurs comme **Alain Souchon**, **Laurent Voulzy**, **Pierre Bachelet**, **Francis Cabrel**, **Renaud**, **Yves Duteil** ou **Michel Jonasz**. La loi de 1996, qui oblige les stations à diffuser au moins 40% de chansons d'expression française, ainsi que des manifestations culturelles comme le **Printemps de Bourges** (créé en 1977) accompagnent et soutiennent ce renouveau.

Des années 80 à nos jours

La multiplication des « radios libres », l'apparition du vidéo-clip, le développement du CD et du baladeur sont autant de facteurs qui permettent à de nombreux chanteurs ou groupes de se faire connaître. Les jeunes, en particulier, écoutent de plus en plus de musique.
Les frontières entre les différents styles de musique deviennent floues, reflétant la multiplicité ethnique des banlieues. Le Sénégalais **Tété** et le Rwandais **Corneille**, les maghrébins **Rachid Taha** et **Carte de séjour** font de la chanson française, **Khaled** et **Faudel** chantent le raï en français.
Avec **MC Solaar**, **NTM**, **Alliance Etnik**, le rap est devenu un moyen d'expression qui fait partie intégrante de la chanson française. **Tonton David** pratique le raggamuffin, un mélange de reggae et de rap.
Un rock modéré, « à la française », est chanté par **Jean-Jacques Goldman**, **Noir Désir**, **Les Négresses Vertes** ou le suisse **Stéphane Eicher**. Dans les années 90 naît un courant rock « alternatif », intégrant des éléments exotiques tels que le reggae, la salsa ou le flamenco. (**La Mano Negra** et son chanteur **Manu Chao**, **Les Têtes Raides**).
A côté des talents confirmés au succès durable, comme **Patricia Kaas**, les Québecoises **Céline Dion** et **Lara Fabian**, **Pascal Obispo**, **Mathieu Boogaerts** entre autres, on voit apparaître au début du XXIe siècle une nouvelle génération d'auteurs-compositeurs-interprètes, prêts à prendre la relève et à continuer la tradition de la chanson française : **Thomas Fersen**, **Vincent Delerm**, **Benjamin Biday**.

l'apparition *f ici :* Aufkommen – **un baladeur** Walkman – **flou,e** unscharf – **une partie intégrante** fester Bestandteil – **une relève** Ablösung.

La bande dessinée (BD)

Le journal **Pilote**, qui contient des BD pour les jeunes, est également lu par les parents. En 1960, **Cavanna** et **Reiser** fondent un journal « bête et méchant » **Hara-Kiri**, très satirique, contenant surtout des BD pour adultes. De nombreux auteurs se sont fait connaître en publiant dans des journaux ou périodiques des BD (par exemple **Claire Bretécher** et ses *Frustrés* dans *Le Nouvel Observateur*), ou des dessins humoristiques relatifs à la vie politique et sociale (**Jacques Faizant** dans *Le Figaro* et *Le Point*, **Plantu** dans *Le Monde* et *L'Express*, **Wolinski** dans *Phosphore*, **Cabu** dans *Le Canard enchaîné* ; → La presse écrite p. 133).
Certains personnages de BD sont devenus très populaires comme **Bécassine**, la paysanne naïve, créée en 1905 ; **Tintin**, et son chien Milou, inventés en 1929 par le Belge **Hergé** ; **Lucky Luke**, le cow-boy solitaire, né en 1946 avec des images de **Morris**, Belge lui aussi, et des textes de Morris et de **Goscinny**. C'est encore à un autre Belge, **Franquin**, qu'on doit **Gaston Lagaffe**, personnage distrait et maladroit. Le héros de BD le plus célèbre est le Gaulois **Astérix**, avec son ami **Obélix** et le chien Idéfix (31 titres, 300 millions d'exemplaires vendus). Les textes d'Astérix sont de **Goscinny**, les dessins d'**Uderzo**.
Après avoir eu un très grand succès dans les années 70 (les albums de **Tintin** ont été traduits en 41 langues, ceux d'Astérix en 40 langues), la BD connaît une crise à partir du milieu des années 80. Les raisons sont commerciales (la production d'un album coûte cher) et artistiques (la multiplication des BD a parfois fait baisser la qualité).
La BD garde cependant son public, qui n'est pas limité aux jeunes ou aux enfants, elle est devenue un « genre littéraire ». Aujourd'hui, une nouvelle génération a pris le relais des grandes classiques : *Le Chat*, du Belge **Philippe Geluck**, est un anti-héros, qui donne son avis sur tout et sur n'importe quoi. Le dessin, très statique, sert de support à des gags pleins de mots d'esprit et de calembours. **René Petillon**, connu pour ses dessins commentant l'actualité politique, a également créé un héros de BD : le détective de choc *Jack Palmer*. Tandis que **Christian Binet** illustre, à travers *Les Bidochon*, la vie désolante d'un couple de Français moyens caricaturaux, **Tardi** aborde, dans un style expressionniste, des sujets comme la guerre. *Titeuf*, de **Zep**, est un petit garçon qui n'arrête pas de faire des bêtises. Les jeunes et les moins jeunes voient en lui un témoin de sa génération. C'est la BD qui a eu le plus de succès ces dernières années.

relatif, -ive à betreffend – **prendre le relais** an die Stelle treten – **un calembour** Wortspiel – **désolant,e** trostlos – **aborder** *ici :* in Angriff nehmen.

La vie culturelle

A Paris (→ Le Paris culturel et intellectuel p. 29)

En province

Pendant longtemps, toute la vie culturelle française a été concentrée sur Paris, le reste du pays étant une sorte de désert. La régionalisation a changé la situation et mené à une diversification des offres culturelles sur tout le territoire.
Plusieurs orchestres régionaux assurent une vie musicale de haut niveau dans des grands centres comme Bordeaux-Aquitaine, Lyon, Lille, les Pays de Loire, Strasbourg etc.
Au théâtre, certaines troupes privées ont passé un accord avec la municipalité et l'Etat et fonctionnent dans le cadre d'un **Centre dramatique national (CDN)**. Le premier d'entre eux, le Centre dramatique de l'Est, a ouvert ses portes à Colmar en 1946. Aujourd'hui, il y en a dans toutes les régions. Cependant, c'est encore dans la capitale que se montent les grandes réalisations théâtrales et pour un comédien, jouer à Paris représente toujours la consécration de sa carrière. Chaque année, pendant la « Nuit des Molières », des prix sont attribués aux meilleurs spectacles donnés en France, aux meilleurs comédiens, comédiennes et metteurs en scène.
Les Français qui souhaitent pratiquer le théâtre en amateur peuvent le faire dans une des nombreuses troupes qui existent (dans une **Maison des Jeunes et de la Culture**, par exemple). Par ailleurs, il y a en France un très grand nombre d'associations culturelles locales, qui organisent des ateliers de travaux manuels, des conférences, des cours divers (langues, ordinateur, dessin…) ou des excursions. Elles jouent un peu le rôle des *Volkshochschulen* allemandes, institution presque inconnue des Français.
Mais la principale distraction, en province, est le **cinéma**. Dans les petites villes, les salles qui ne sont pas rentables sont souvent reprises par la mairie ou le département pour pouvoir continuer à fonctionner.

Les festivals

Dans les régions touristiques ont lieu, surtout en été, de très nombreux festivals. On a l'impression que chaque ville, grande ou petite, ayant une curiosité (site, château, église) à présenter veut se mettre en valeur en organisant son propre festival. Certains permettent de réunir des artistes prestigieux, comme celui de la Roque d'Anthéron, petit village de Provence, où se rencontrent chaque année les meilleurs pianistes du monde.
Parmi les festivals les plus célèbres, on peut citer : Aix-en-Provence, Montpellier (musique), Orange (opéra), Juan-les-Pins (jazz), Le Printemps de Bourges, les Francofolies de La Rochelle (chanson francophone), Avignon (théâtre), Arles (danse), Angoulême (bande dessinée), Cognac (film policier), Angers (film d'animation) et Gérardmer (film fantastique).

passer un accord eine Übereinkunft treffen – **une consécration** Krönung – **une curiosité** Sehenswürdigkeit.

Le cinéma

En 1895, **Louis Lumière** montre au Grand Café de Paris les premiers films de l'histoire du cinéma (*L'arrivée du train à la Ciotat*). Au début du XXe siècle, les sociétés **Pathé** et **Gaumont** construisent un réseau de production et de salles.
Avant la Première Guerre mondiale, la France lance la série des *Fantômas*, type du bandit masqué qui réussit toujours.
L'invention du cinéma sonore aux USA surprend les réalisateurs français, mais **René Clair** et **Jean Renoir** ont assez de talent pour utiliser les nouvelles ressources de cet art.
Pendant la guerre 1939-45, le cinéma français reste à un haut niveau avec **Marcel Carné** (*Les visiteurs du soir, Les enfants du paradis*), **Henri Clouzot**, maître du suspense policier (*Le corbeau*), **Claude Autant-Lara**, qui adapte des chefs-d'œuvres littéraires (*Le diable au corps, Le rouge et le noir*), et **Robert Bresson**, au style très pur (*Les dames du bois de Boulogne*).
Après la guerre, les cinéastes qui avaient quitté la France occupée reviennent d'exil : **René Clair** continue son œuvre poétique et populaire, **Julien Duvivier** met une technique parfaite au service de thèmes divers (*Anna Karénine*, 1948, *Le petit monde de Don Camillo*, 1952). Simultanément apparaissent de nouveaux talents : **Jean-Pierre Melville**, spécialiste du film policier, ou **Jacques Tati**, qui développe un nouveau style comique dans *Les vacances de Monsieur Hulot*.
A la fin des années 50 arrive la « nouvelle vague », avec quelques cinéastes venus de la critique (*Les cahiers du Cinéma*) : **Claude Chabrol**, qui fait la satire de la société bourgeoise, **François Truffaut**, qui, entre autres, sait faire jouer les enfants (*L'enfant sauvage, Fahrenheit 451, Le dernier métro*), **Jean-Luc Godard** (*A bout de souffle*), qui aime improviser et provoque volontiers, et **Eric Rohmer** (*Ma nuit chez Maud*), qui se veut moraliste. Ils défendent le film d'auteur, avec des budgets réduits, des acteurs débutants, une action filmée hors des studios.
Dans les années 60, **Claude Lelouch** (*Un homme et une femme*), **Claude Sautet** (*Les choses de la vie*) commencent leur carrière, tandis que les « anciens » continuent chacun dans sa voie.
Après 1970, on peut retenir l'arrivée de **Maurice Pialat**, qui veut peindre la vérité des sentiments et des passions, **Bertrand Tavernier**, qui aime mêler une intrigue policière et une fine psychologie (*L'horloger de Saint-Paul*, 1973), et **Jean-Jacques Annaud**, pour qui chaque film doit être un événement (*La guerre du feu, Le nom de la rose, L'ours*).
Parmi les principaux films des années 90, on peut citer des adaptations d'œuvres littéraires (*Cyrano de Bergerac*, 1990, *Germinal* en 1993 et *Le hussard sur le toit*, 1995, les trois avec **Gérard Depardieu**), des films intimistes à la psychologie très fine (*Tous les matins du monde*, d'**Alain Corneau**, 1991, *Un cœur en hiver*, 1992, de

un réseau Netz – **sonore** Ton- – **surprendre** überraschen – **un réalisateur** Regisseur – **le suspense** Spannung – **un chef-d'œuvre** Hauptwerk – **mêler** (ver)mischen – **un film intimiste** *etwa:* Film, der die innersten Gefühle zeigt.

Claude Sautet, *Les roseaux sauvages*, 1994, d'**André Téchiné**) ou des réalisations sur des thèmes actuels, comme *La haine* de **Mathieu Kassovitz**, qui se penche sur le problème de la violence des jeunes dans les banlieues. Les films comiques ont aussi attiré les Français dans les salles obscures : 12 millions de spectateurs pour *Les visiteurs* de **Jean-Marie Poiré** (1993), 9 millions d'entrées pour *Astérix et Obélix contre César*, réalisé en 1999 par **Claude Zidi**.

Les budgets deviennent de plus en plus importants, le succès des productions françaises dépend souvent, comme dans *8 femmes* de **François Ozon** (2002), des stars de renom qui y sont réunies. A côté des « anciens » (**Alain Delon, Jean-Paul Belmondo, Catherine Deneuve**), un grand nombre d'acteurs et d'actrices de talent se disputent les faveurs du public : **Gérard Depardieu**, **Isabelle Adjani**, **Isabelle Huppert**, bien sûr, ou encore **Sophie Marceau**, **Christophe Lambert**, **Sandrine Bonnaire**, **Béatrice Dalle**, **Juliette Binoche**, **Fabrice Lucchini**, **Emmanuelle Béart**, **Jean Reno** et **Audrey Tautou**, pour n'en citer que quelques-uns. Le cinéma français se porte bien. Il est le premier en Europe, et malgré la concurrence de la télévision et du DVD, on constate depuis plusieurs années une remontée du nombre de spectateurs (2004 : 194 millions). Les films français représentent plus d'un tiers des entrées.

La Palme d'or du **Festival de Cannes** est un prix donné, tous les ans, au film considéré comme le meilleur de l'année dans la pro-duction internationale (2002 : *Le pianiste*, 2003 : *Elephant*, 2004 : *Fahrenheit 9/11*).

Le **César**, quant à lui, récompense chaque année les meilleures réalisations françaises. Il a été attribué en 2002 au film *Le fabuleux destin d'Amélie Poulain*, de **Jean-Pierre Jeunet**, en 2003 à **Roman Polanski** pour *Le pianiste* et en 2004 à **Denys Arcand** *(Les invasions barbares)*.

se pencher sur *ici :* sich beschäftigen mit – **une remontée** Wiederanstieg – **récompenser** belohnen.

Les Médias

La presse écrite

Il y a en France trois sortes de presse : les quotidiens parisiens, la presse quotidienne régionale et des milliers de titres spécialisés. Depuis 1970, le tirage global est plus fort pour les périodiques que pour les quotidiens, et la tendance se poursuit.
La **presse parisienne** est en situation de concurrence. Les titres les plus importants sont à droite *Le Figaro*, *France-Soir*, *Le Parisien/Aujourd'hui en France*, au centre gauche *Le Monde*, et à gauche *Libération* et *L'Humanité* (organe du parti communiste). Les sportifs lisent *L'Equipe*, les hommes d'affaires *Les Echos*. *La Croix* est un journal d'inspiration catholique. *Le Parisien*, *Le Figaro* et *Le Monde* sont régulièrement lus par plus d'un million de personnes.
La **presse quotidienne régionale** est presque partout en situation de monopole, elle est pratiquement la seule à donner des nouvelles locales, et la concurrence de la radio et de la télévision régionale est faible dans le domaine de la publicité. Le titre le plus important est *Ouest-France*, suivi de *La Voix du Nord* et de *Sud-Ouest*.
Trois grands **hebdomadaires** sont dans la tradition des magazines d'information du type du *Spiegel* : *L'Express*, créé en 1953 (548 000 exemplaires tirés), *Le Nouvel Observateur*, né en 1964 (544 000) et *Le Point*, fondé en 1972 (383 000). Ils sont lus surtout par les cadres habitant les grandes villes, ayant des revenus assez confortables, comme le montrent les publicités qu'ils contiennent. *Le Nouvel Obs* est plus orienté à gauche, il est aussi la revue favorite des étudiants.
La **presse satirique** est représentée par *Le Canard enchaîné* (420 000), né en 1915, qui provoque régulièrement des scandales après des enquêtes indiscrètes, mais sérieuses. C'est un des rares journaux à vivre sans publicité.
L'**illustré périodique** le plus demandé par les Français est *Paris Match* avec un tirage de 740 000 exemplaires par semaine. Beaucoup de magazines et de journaux français sont intégrés dans des groupes de presse. Il n'est pas rare de voir de grands industriels acheter ces groupes, ce qui leur permet ensuite d'être omniprésents dans les médias pour y défendre leurs intérêts et leurs opinions. Ainsi, en 2004, l'industriel de l'armement **Dassault** a racheté la société **Socpresse** (80 titres, dont *Le Figaro*, *L'Express*, *L'Expansion*). De même, **Lagardère** (EADS, Thales), qui a acheté **Hachette Filipacchi Média**, est à présent propriétaire de nombreux titres, dont **Elle**, **Paris-Match** et **Télé 7 jours**.

Comparaison France/Allemagne

Il y a en France quelque 90 quotidiens (tirage global : 9 millions), contre 355 en Allemagne (24 millions).

un quotidien Tageszeitung – **un tirage** Auflage – **un périodique** Zeitschrift – **un homme d'affaires** Geschäftsmann – **un hebdomadaire** Wochenzeitung – **un revenu** Einkommen – **omniprésent,e** allgegenwärtig.

Le Français achète son journal plutôt au numéro, au kiosque ou au bureau de tabac. Cependant, le portage à domicile devient habituel un peu partout en France. Un lecteur sur dix est abonné à un journal parisien, deux sur dix à un quotidien régional. La presse gratuite, distribuée dans le métro ou les boîtes aux lettres, devient un concurrent sérieux.

Si les Français lisent peu de journaux, ils sont, par contre, les plus grands consommateurs de magazines au monde. Il existe un très grand nombre de publications spécialisées dont les plus importantes et les plus lues sont *(H = hebdomadaire, M = mensuel, Q = quotidien)* :

- Journaux de télévision :	*TV Magazine* (H 4,8 millions d'exemplaires tirés)
	Télé 7 jours (H 2,4 millions)
	Télé Z (H 2,2 millions)
	TV Hebdo (H 1,9 million)
	Télé Star (H 1,8 million)
	Télé Poche (H 1,1 million)
- Presse féminine :	*Fémina Hebdo* (H 2 millions)
	Femme actuelle (H 1,4 million)
	Prima (H 700 000)
- Enfants :	*Journal de Mickey* (H 180 000)
	Picsou Magazine (M 180 000)
	Pomme d'Api (M 150 000)
- Jeunesse :	*Science et Vie Junior* (M 165 000)
	Salut (bi-mensuel 150 000)
	20 ans (M 140 000)
	OK Podium (M 125 000)
- Retraités :	*Notre Temps* (M 1,1 million)
- Sports :	*L'Equipe* (Q 350 000)
- Economie :	*L'Expansion* (bimensuel 150 000)
- Géographie :	*Géo* (M 410 000)
- Sciences:	*Ça m'intéresse* (M 240 000)
- Chasse :	*Le Chasseur français* (M 540 000)
- Automobile	*Auto moto* (M 320 000)
	Automobile Magazine (M 180 000)
- Santé :	*Santé Magazine* (M 440 000)

La radio

Radio et télévision sont sous le contrôle d'une instance nationale, le **Conseil supérieur de l'audiovisuel (CSA)**, formé de neuf membres. Trois d'entre eux sont nom-

le portage à domicile Hauszustellung *(z. B. Zeitung)*.

més par le président de la République, trois par le président du Sénat et trois par le président de l'Assemblée Nationale. Le CSA garantit, entre autres, la liberté d'expression et de concurrence et nomme les responsables de Radio France et des deux chaînes de télévision publiques (France 2 et France 3, président commun).
Radio France, société nationale, regroupe **France-Inter**, **France-Culture**, **France-Musique**, **France Info** (première radio européenne d'information continue), **Radio bleue** (100% de chansons françaises) et de nombreuses stations régionales. **Radio France Internationale (RFI)** s'adresse aux pays francophones lointains.
Des postes privés dits « périphériques » sont également écoutés en France : **Europe 1**, créée en 1952 en Sarre, **Radio Télé Luxembourg (RTL)** depuis 1931, **Radio Monte Carlo**, fondée en 1942. Ils se sont installés à l'étranger en raison du monopole d'Etat de l'information radio. En 1981, une loi met fin à ce monopole en autorisant les **radios locales privées** sur le territoire français. Les **radios « libres »** se multiplient aussitôt. Vivant de la publicité, elles prennent rapidement un caractère très commercial. Les différentes stations ne s'adressent plus à l'ensemble des auditeurs, mais à un public spécifique : **NRJ**, **Skyrock** et **Fun Radio**, par exemple, diffusent la musique qui plaît aux jeunes et s'adressent à eux dans un style très direct, alors que **Nostalgie** ou **Radio Montmartre** visent plutôt les seniors.
Cependant, les radios « généralistes » ont encore une audience importante : les stations les plus écoutées sont **RTL**, **Europe I**, **France-Inter**, **NRJ**, **Nostalgie** et **France-Info** (qui diffuse des informations 24 heures sur 24).
Depuis 1996, une loi impose aux radios de programmer un minimum de 40% de chansons d'expression française, dont la moitié de nouvelles productions et jeunes talents. Cette mesure a permis de ramener les variétés françaises devant les variétés internationales en ce qui concerne les productions et la vente.

La télévision

La première émission de télévision a lieu en 1935, la couleur arrive en 1967. Le système français de télévision en couleur n'est pas Pal, comme en Allemagne, mais **SECAM**. A partir de 1968, la publicité de marques est autorisée, elle est limitée en 1972 à un quart des ressources totales.

La première chaîne, **TF1**, est privatisée en 1987.
France 2 et **France 3** sont publiques, la seconde à vocation régionale.
La sixième chaîne (**M6**), qui passe beaucoup de séries télévisées et de clips, existe depuis 1986. **Canal Plus** est une chaîne privée, réservée à des abonnés munis d'un décodeur.

la vocation *ici* : Zielrichtung.

Depuis 1992, **Arte**, chaîne culturelle franco-allemande émet le soir sur le canal occupé pendant la journée par la **Cinquième**, chaîne à vocation éducative.
TV5 est une chaîne de télévision francophone qui émet dans de très nombreux pays. Elle reprend en partie les programmes de France 2 et France 3, mais aussi des émissions des télévisions belge, suisse et canadienne.
Le projet de télévision par câble, qui a vu le jour en 1982, a déjà permis l'équipement de plusieurs millions d'abonnés. A côté des programmes classiques, le câble donne l'accès à certaines chaînes étrangères (BBC, Sat 1, Rai...) et à des programmes thématiques : Canal J, pour les jeunes, Canal Info ou Eurosport. Cependant, de plus en plus de foyers préfèrent s'équiper d'une antenne parabolique pour pouvoir regarder la télévision par satellite, qui permet de capter une quantité innombrable de programmes du monde entier.
Aujourd'hui, le câble et les chaînes retransmises par satellite représentent 30% de l'audience totale, et cette part devrait augmenter dans les années à venir.

Religion

Le catholicisme

75% des Français sont de confession catholique, mais seuls 10% d'entre eux pratiquent régulièrement. Les centres traditionnels du catholicisme sont situés principalement dans l'Ouest et dans le Massif central.
Le catholicisme est la religion d'Etat de la France jusqu'à la Révolution (1789). Dès le Moyen Age, l'Eglise de France affirme une certaine indépendance vis-à-vis de Rome et recherche une identité nationale. Lors de la Révolution, le clergé perd tous ses privilèges et voit ses biens confisqués par l'Etat. Les prêtres doivent jurer fidélité à la nouvelle Constitution. Ceux qui refusent sont persécutés. La Révolution ne proclame pas seulement l'égalité des religions, elle tente aussi, sous la Terreur, d'abolir le christianisme et d'instaurer un culte de la Raison. Une première séparation de l'Etat et de l'Eglise a lieu (1795) : l'Eglise n'est plus Eglise d'Etat ; elle perd, entre autres, le monopole de l'enseignement (→ Conséquences de la Révolution p. 37).
En 1801, Bonaparte conclut un concordat avec le Pape (→ La politique intérieure p. 38) : l'Etat reconnaît le catholicisme comme la religion de la majorité des Français. Les évêques sont nommés par le premier Consul, mais ils sont institués par le Pape. Ce concordat est toujours en vigueur dans les départements alsaciens et en Moselle où le clergé est nommé et salarié par l'Etat.

émettre senden - **un foyer** Haushalt - **capter** empfangen - **les biens** *m* Güter - **confisquer** einziehen - **un prêtre** Priester - **jurer** schwören - **persécuter** verfolgen - **tenter** versuchen - **abolir** abschaffen - **instaurer** einrichten - **être en vigueur** in Kraft sein - **salarier** bezahlen.

Le courant laïque

Le 19e siècle est marqué en Europe par des mouvements anticléricaux hérités de la philosophie des « lumières » (→ Les philosophes du « siècle des lumières » p. 138) et de la Révolution. En France, le gouvernement de gauche impose en 1905 la séparation de l'Eglise et de l'Etat (→ Développement et tendances de la société française au XXe siècle p. 62) et nationalise une grande partie des biens ecclésiastiques. A côté de l'enseignement public laïque se maintiennent des établissements scolaires religieux ou « libres ». De nos jours le problème de la laïcité se limite surtout à la question scolaire. A peu près un élève sur cinq fréquente une école privée. Plus de 90% de celles-ci sont catholiques et la plupart sont subventionnées par l'Etat.
En 1984, quand le gouvernement d'union de la gauche essaie de toucher au statut de l'enseignement privé, des centaines de milliers de manifestants descendent dans la rue et font échouer le projet.
Depuis 2004, une loi interdit le port de signes religieux visibles à l'intérieur des écoles publiques (voile islamique, croix, kippa). Les personnes qui refusent d'obéir à cette règle doivent se tourner vers l'enseignement libre ou suivre des cours par correspondance.

Le protestantisme

La France compte aujourd'hui environ 900 000 protestants. Les régions où cette confession est le plus solidement implantée forment un demi-cercle allant du Poitou aux Cévennes et à l'Alsace. Strasbourg est de loin la première ville protestante de France. Après la révocation de l'**Edit de Nantes** (1685 → L'Ancien Régime p.31, Le revers de la médaille p. 33), un grand nombre de protestants (**huguenots**) partent s'installer à l'étranger, surtout en Prusse. Ceux qui restent en France ne sortent de la clandestinité qu'après la Révolution française (→ Conséquences de la Révolution p. 37). C'est dans les classes moyennes et dans la bourgeoisie que le protestantisme est le plus fortement répandu.

L'Islam

Environ 4 millions de musulmans (Allemagne : 2,5 millions) parmi lesquels un million de Français d'origine maghrébine font de l'Islam la deuxième religion de France. La région parisienne, à elle seule, compte plus de 120 salles de prières ou mosquées.

La grande mosquée de Paris

imposer verordnen – **une kippa** Kippa *(jüdische Kopfbedeckung)* – **la clandestinité** *ici :* Untergrund – **une prière** Gebet – **une mosquée** Moschee.

Le judaïsme

Les juifs constituent la plus ancienne minorité religieuse en France. La Révolution leur reconnaît le droit de citoyenneté. Leur communauté, décimée pendant l'occupation allemande, redevient plus importante avec le retour de nombreux « pieds-noirs » israélites après l'indépendance de l'Algérie (→ L'achèvement de la décolonisation p. 46). On compte actuellement quelque 600 000 juifs, dont la moitié en région parisienne.

La Philosophie française

Les principaux courants de la philosophie française sont représentés par :

René Descartes (1596-1650)

La pensée de Descartes, fondateur de la géométrie analytique, est le point de départ de la philosophie moderne. Son *Discours de la méthode* (1637) et ses *Méditations métaphysiques* (1641) renouvellent la philosophie du Moyen Age en y introduisant les méthodes des sciences mathématiques. Descartes base ses réflexions sur un doute systématique ; il ignore l'existence de toute connaissance reçue. Mais dès qu'on doute, on pense, et pour penser, il faut être ; « je pense, donc je suis – cogito ergo sum » : c'est la première certitude fondée.

Les philosophes du « siècle des lumières »

La philosophie de cette époque est marquée par le désir de faire triompher la raison sur la foi et la religion. Son idéal suprême est le bonheur humain. Elle se caractérise par la confiance dans le progrès et par des idées de tolérance, de justice sociale et de liberté, qui ouvrent la voie à l'esprit révolutionnaire (→ Causes principales de la Révolution p. 34).
Montesquieu (1689-1755) : il inspire la Constitution de 1791 et est à l'origine de doctrines libérales qui reposent sur la séparation des pouvoirs législatif, exécutif et judiciaire (*De l'esprit des lois*, 1748).
Voltaire (1694-1778) : Voltaire, esprit universel, est l'un des philosophes les plus remarquables du « siècle des lumières », l'idole d'une bourgeoisie libérale et anticléricale. Il expose ses idées, entre autres, dans des poèmes, des contes (*Candide*, 1759)

un juif Jude – **un « pied-noir »** Algerienfranzose – **la connaissance reçue** erworbene Kenntnis – **une certitude** Gewissheit – **« le siècle des lumières »** Zeitalter der Aufklärung – **la foi** Glauben – **la justice** Gerechtigkeit – **la séparation des pouvoirs** Gewaltenteilung – **un conte** Erzählung.

et des essais. Il s'engage dans la lutte contre le fanatisme, la violence, l'injustice, et rêve de réformer la société.

Jean-Jacques Rousseau (1712-1778) : sa philosophie s'oppose aux courants progressistes : selon lui, l'homme est bon par nature mais corrompu par la société ; le progrès contribue au malheur de l'humanité. Rousseau souhaite pour l'homme le retour à l'état de nature. Sa thèse selon laquelle la propriété privée est la source de toutes les misères implique une condamnation de tout gouvernement monarchique et aristocratique (*Du contrat social*, 1762). En pédagogie (*Emile*, 1762), il prend position contre les contraintes dans l'éducation et s'exprime pour un épanouissement naturel de l'enfant loin de toute civilisation.

Denis Diderot (1713-1784) : génie multiple, Diderot est considéré par ses contemporains comme « le philosophe par excellence ». Aidé de nombreux collaborateurs il publie entre 1751 et 1772 l'*Encyclopédie ou Dictionnaire raisonné des sciences, des arts et des métiers*, un ouvrage en 35 volumes dans lequel est exposé alphabétiquement l'ensemble des connaissances humaines. Son message contient la négation de l'autorité et de la tradition, et la foi en la toute-puissance de la science.

Les existentialistes

Dans les années de l'après-guerre, une nouvelle philosophie, l'existentialisme, domine la pensée française et s'exprime dans la littérature. Les grands thèmes en sont les rapports entre l'homme et le monde, la vie et la mort, la souffrance et le bonheur. Au centre se trouve l'homme : *L'existentialisme est un humanisme* (Sartre).

Jean-Paul Sartre (1905-1980) : chef de file du courant existentialiste, Sartre développe ses théories dans des traités philosophiques (par exemple *L'être et le néant*, 1943) ainsi que dans des romans et des pièces de théâtre (→ Le XXe siécle p. 117). Son principe de départ est que l'existence de l'homme précède son essence, ce qui signifie que l'être humain n'est pas créé à l'image d'un dieu mais doit se définir lui-même. En l'absence de Dieu, l'homme est seul mais libre ; il doit choisir ses valeurs et décider de son destin : il est donc l'unique responsable de ses actes. La philosophie de Sartre constitue une morale d'action qui conduit l'auteur, comme ses héros, à s'engager personnellement et politiquement.

Albert Camus (1913-1960) : l'œuvre de Camus tourne autour de deux pôles : l'absurde (*Le mythe de Sisyphe*, 1942) et la révolte (*L'homme révolté*, 1951 ; → Le XXe siécle p. 117).

Le sentiment de l'absurde naît de la confrontation entre un monde inexplicable et le besoin de clarté et de sûreté éprouvé par l'homme. L'être humain qui refuse

un courant Strömung – **corrompre** verderben – **une contrainte** Zwang – **un épanouissement** *ici :* Selbstverwirklichung – **un ouvrage** Werk – **un rapport** Beziehung – **la souffrance** Leiden – **le chef de file** Führer, Leitfigur – **un traité** *ici :* Abhandlung – **précéder** vorangehen – **l'essence** *f* Wesen – **une valeur** Wert – **un destin** Schicksal.

la croyance religieuse se sent étranger dans un monde hostile (*L'étranger*, 1942). C'est dans la révolte contre ce monde chaotique que la vie trouve son sens, ce qui amène Camus à développer sa doctrine morale : il faut dire non à l'injustice, respecter la vie humaine ; le bonheur est dans la solidarité, dans la lutte contre le mal (*La peste*, 1947). Selon Camus, seul un humanisme positif peut surmonter l'absurde et le désespoir individuel.

La philosophie moderne

La philosophie actuelle a pour objet l'homme en tant qu'individu et être social. Au cours des années 60 et 70, les idées philosophiques sont influencées par la psychanalyse (Lacan), le marxisme (Althusser) et le structuralisme (Lévi-Strauss, Foucault). Les « **Nouveaux philosophes** » (B.-H. Lévy, A. Glucksmann), héritiers de mai 68, tournent radicalement le dos à Marx après l'avoir adoré. Selon eux, le marxisme ne peut qu'aboutir au totalitarisme. Ils défendent aujourd'hui une idéologie des droits de l'homme. Alain Finkielkraut se montre critique à l'égard de ceux qui suivent aveuglément les courants de pensée à la mode.

Les Français et leur langue

Des origines à nos jours

Après la conquête romaine, on parle en Gaule de nombreux dialectes dérivés du latin populaire. Au Moyen Age, on distingue deux grandes catégories selon la façon de dire « oui » : langue d'« oïl », au nord de la Loire (influences germaniques), et langue d'« oc », au sud. Le « francien », parlé en Ile-de-France, s'étend en même temps que le pouvoir royal, s'impose comme langue nationale et devient le français. Depuis 1539 (*Ordonnance de Villers-Cotterêts*), les actes administratifs sont rédigés en français.
A la fin de l'**Ancien Régime** (→ p. 31), près de la moitié de la population parle encore des dialectes locaux. La Révolution, dans un souci d'égalité mais aussi de centralisation, tente d'imposer le français sur tout le territoire. Son emploi se généralise avec l'école obligatoire, où le français est seule langue d'enseignement (→ La IIIe République p. 42).

la croyance Glaube – **hostile** feindselig – **un héritier** Erbe – **adorer** verehren – **le dos** Rücken – **aboutir à** führen zu – **aveuglément** blind(lings) – **dériver de** ableiten von – **s'étendre** sich ausdehnen – **une ordonnance** Erlass – **le souci** *ici :* Bemühen.

La défense de la langue française

En France, où la langue est en même temps symbole et instrument de l'unité nationale, la réglementation linguistique est toujours une affaire d'Etat. Au début du 17e siècle, des théoriciens (par exemple Malherbe) s'efforcent de définir les normes du français en se basant sur les habitudes (« l'usage ») de la langue courante. Ils préparent ainsi le chemin aux auteurs classiques dont la langue est considérée comme le « bon usage »(→ Le XVIe siècle p. 115).

L'Académie française

Marguerite Yourcenar, première femme élue à l'Académie

Cette institution fondée en 1635 par **Richelieu** a, entre autres, pour mission de fixer le français à l'aide d'une grammaire et d'un dictionnaire officiels pour en faire un instrument de culture et d'administration à l'échelle de la nation, et de guider les écrivains à « bien écrire ». Son premier dictionnaire voit le jour en 1694 ; actuellement les Académiciens en sont à la 9e édition. L'Académie se compose de 40 membres ou « immortels » (première femme en 1980 ; → Auteurs d'aujourd'hui p. 118). Si l'élection à cette assemblée constitue une immense distinction, les résultats concrets de son travail pour la langue sont, en fin de compte, plutôt modestes.

Beaucoup de Français considèrent leur langue comme une œuvre d'art sacrée. C'est pourquoi, depuis trois siècles, chaque tentative de réforme inspirée par l'évolution naturelle de la langue parlée soulève de vives protestations. L'orthographe surtout est l'objet d'un véritable culte, comme en témoigne le championnat annuel d'orthographe retransmis par les télévisions francophones : plus de 100 000 candidats à travers le monde y mettent leurs connaissances à l'épreuve. Depuis 1968, plusieurs projets se sont succédé pour tenter de réformer l'orthographe, « synonyme d'élitisme culturel ». En 1976, le ministre de l'Education fait publier officiellement des « Tolérances grammaticales ou orthographiques » (on admet par exemple : *une demie heure ; un évènement*). Cependant la majorité des Français n'en tiennent

s'efforcer de sich bemühen – **à l'échelle de qc** *ici :* angemessen – **immortel,le** unsterblich – **une distinction** *ici :* Auszeichnung – **en fin de compte** letzten Endes – **une tentative** Versuch – **retransmettre** *ici :* übertragen – **mettre qc à l'épreuve** etw. unter Beweis stellen – **se succéder** aufeinander folgen – **tenir compte de qc** etw. berücksichtigen.

aucun compte. La dernière **Rectification de l'orthographe** concernant moins de 1% du vocabulaire a été proposée par le Conseil supérieur de la langue française en 1990. Mais devant les protestations des conservateurs, elle est restée à l'état de « recommandation ». On peut ainsi indifféremment utiliser l'orthographe traditionnelle (T) ou réformée (R).

Exemples :

1. T : cinq cent mille quatre cent vingt et un ;
   R : cinq-cent-mille-quatre-cent-vingt-et-un.
   → On peut lier par des traits d'union les chiffres composant un nombre complexe.
2. T : un tire-bouchon, des tire-boucho**n** ;
   R : un tire-bouchon, des tire-bouchon**s**.
   → Les noms composés d'un verbe et d'un nom prennent la marque du pluriel quand ils sont au pluriel.
3. T : Je les ai laissé**s** partir ; elle s'est laissé**e** séduire.
   R : Je les ai laiss**é** partir ; elle s'est laiss**é** séduire.
   → Le participe passé de laisser suivi d'un infinitif reste invariable (à l'exemple du verbe *faire*).

La langue évolue pourtant : le « bon usage » n'a plus pour modèle unique les grands auteurs du passé mais se réfère aussi à des écrivains et journalistes contemporains.

Langues « littéraire », « familière » et autres

Dans le français d'aujourd'hui, il n'y a pas de niveaux de langues bien définis et nettement séparés. Ce qui distingue les différentes façons de parler ou d'écrire, c'est d'abord leur degré de complexité, reconnaissable, par exemple, à la longueur et à la construction grammaticale des phrases (un gérondif au lieu d'une subordonnée) ou à la fréquence des structures et mots utilisés. C'est le genre de situation dans laquelle le locuteur se trouve qui le pousse à choisir telle ou telle façon de s'exprimer.

D'un côté, il y a la « **langue soutenue** », qu'on retrouve le plus souvent dans les textes écrits (cette langue soutenue est appelée « littéraire » lorsqu'elle rejoint le domaine de la création artistique) ; de l'autre, la « **langue familière** », qui est utilisée de préférence dans le langage parlé (cette langue inclut parfois des éléments provenant du français populaire).

L'**argot**, à l'origine la langue employée par les malfaiteurs pour ne pas être compris des bourgeois, est utilisé aujourd'hui dans le sens de jargon (argot des écoliers, des étudiants, etc.). Le **français populaire** est la langue des basses classes sociales. Beaucoup de ses mots dérivent de l'ancien argot des malfaiteurs.

indifféremmment *ici :* ebenso – **évoluer** sich entwickeln – **contemporain,e** zeitgenössisch – **un locuteur** Sprecher – **la langue soutenue** gehobene Sprache – **un malfaiteur** Verbrecher.

Les variations de langue

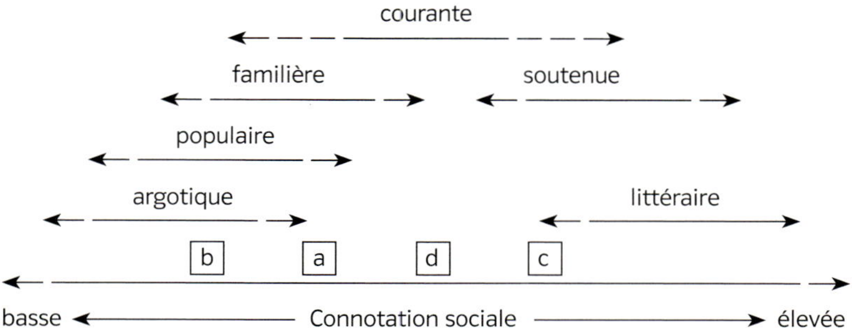

Quelques exemples :
- *j'sais pas* [a] au lieu de *je ne sais pas* ;
- pour *argent*, les dictionnaires indiquent plusieurs mots : par exemple *fric* [a] ; *blé, oseille, pèze* [b].

  Trois phrases qui expriment la même chose :
- *il a délaissé le domicile conjugal, laissant son épouse dans le plus grand dénuement* [c] ;
- *il a quitté la maison en laissant sa femme dans la misère* [d] ;
- *depuis qu'il s'est cassé, sa meuf est dans la dèche* [b].

Bien entendu, cette classification est très théorique, parce qu'il existe bon nombre de personnes qui parlent un français « littéraire » et d'autres qui écrivent un français très familier ou populaire.

Le franglais

Ce terme désigne l'ensemble des **néologismes** d'origine anglo-américaine, qui ont envahi la langue française depuis la Seconde Guerre mondiale. Le franglais apparaît surtout dans la publicité (*le spot*), le vocabulaire du sport (par exemple *penalty* pour *pénalité*), de l'industrie du spectacle (*le show-biz*) mais aussi dans le domaine des sciences et de la technique (par exemple *escalator* pour *escalier mécanique*). Quelques exemples courants : *le fastfood* (*la restauration rapide*), *le jogging* (*la course à pied*), *le walkman* (*le baladeur*). Plusieurs organismes ont été créés pour lutter contre l'invasion des **anglicismes** et pour chercher des équivalents français aux termes anglais. De plus, l'Académie française publie régulièrement des mises en garde contre « les expressions fautives ».

un néologisme Wortneuschöpfung – **envahir qc** *ici :* überschwemmen – **une mise en garde** Warnung.

La langue est en France une affaire d'Etat soumise à une sorte de protectionnisme linguistique. Ainsi, en 1994, le ministre de la Culture promulgue une loi visant à « purifier » la langue française des anglicismes qu'on y trouve couramment, surtout dans le langage de la publicité, de la télévision et du sport. Cette loi, qui prévoit des sanctions et une liste de 3500 mots « corrects » destinés à remplacer les mots étrangers, est en partie censurée par le Conseil constitutionnel. Néanmoins, elle autorise l'Etat à imposer l'usage d'une langue codifiée aux personnes accomplissant un service public.

La langue des jeunes

C'est un langage qui est réinventé par chaque nouvelle génération. Les jeunes créent au jour le jour un code qui leur sert de signe de reconnaissance. Une constante de la langue des moins de vingt ans est la recherche des excès (un film n'est pas *réussi* ou *amusant*, il est *méga kiffant* ou *giga top*) et des abréviations (par exemple *une mob* pour *une mobylette*, un *gol* pour un *mongol*, c'est-à-dire *un idiot*). Le « **verlan** » ou langage à l'envers, jeu linguistique hérité de l'argot et très répandu parmi les jeunes, est en perpétuelle évolution. Ainsi, un *blouson*, devenu *zomblou* en verlan, se dit à présent *zomb*. De même, *zarbi* (*bizarre*) est devenu *zarb*, un *keufli* (*flic*) un *keuf*, et une *teufé* (*fête*) une *teuf*. Le *beur* (abréviation du verlan de *arabe*), jeune né en France de parents maghrébins a maintenant son féminin : *la beurette*.

L'**adolangue**, c'est aussi un vocabulaire particulier (*s'énerver → se prendre la tête, les parents → les biomanes*), mais c'est encore bien plus que ça : il s'agit d'un langage structuré qui réinvente en permanence ses expressions, sa syntaxe et sa grammaire. Cela le rend pratiquement impossible à parler pour *les ieufs* (*les vieux, les parents*), ce qui est un des buts recherchés.

Si l'adolangue est la langue parlée des jeunes, ceux-ci ont aussi développé, depuis peu, un code écrit, celui des *textos* et de la *tchatche* sur Internet. La nécessité de s'exprimer de façon brève et rapide a mené à la création d'un langage nouveau, sans aucune règle de grammaire ou d'orthographe, basé sur la phonétique et les abréviations.

Quelques exemples de messages *SMS* :

JV	=	*j'y vais*
Cpa5pa	=	*c'est pas sympa*
Ckwa ?	=	*c'est quoi ?*
Keskia29	=	*Qu'est-ce qu'il y a de neuf ?*
G1pe2tps	=	*j'ai un peu de temps*
A+Biz	=	*à plus tard, bisous*

(être) soumis,e à unterliegen – **promulguer une loi** ein Gesetz verkünden – **imposer** aufzwingen – **au jour le jour** tagtäglich – **un excès** Übertreibung – **une abréviation** Abkürzung – **à l'envers** umgekehrt – **un texto** SMS – **une tchatche** Chat.

Les langues parlées en France

Officiellement, la Constitution ne reconnaît qu'une seule langue : le français. Il existe cependant en France des minorités culturelles qui ont préservé leurs langues propres. Si les **langues régionales** n'ont pas de caractère officiel, elles sont, d'après leurs défenseurs, un moyen de conserver le patrimoine culturel dans toute sa diversité. Leurs opposants les considèrent, eux, comme inutiles car elles n'apportent rien sur le plan économique.

L'alsacien et **le lorrain**, dialectes alémaniques, sont utilisés par un million de personnes.

Le flamand, proche du néerlandais, est la langue maternelle d'environ 40 000 habitants du Nord du pays.

Le breton, langue celtique comme l'irlandais ou le gallois, a quotidiennement quelque 250 000 utilisateurs. Il est enseigné dans certaines écoles, et récemment, un vocabulaire spécialisé, permettant l'enseignement en breton à l'université, a été élaboré.

Le basque, parlé des deux côtés de la frontière franco-espagnole, est une langue très ancienne qui date d'avant l'arrivée des Gaulois. A peu près 50 000 Français l'utilisent.

Le catalan, langue officielle de la Catalogne espagnole, est également pratiqué en France par 130 000 locuteurs.

Le corse se rapproche de dialectes italiens. Il est compris par 80% de la population de cette île où le mouvement autonomiste est toujours très actif.

L'occitan, qui du point de vue historique est l'une des deux langues gallo-romanes parlées en France, désigne aujourd'hui l'ensemble des dialectes des régions situées au sud de la Loire(→ Des origines à nos jours p. 140).

Le créole est la langue la plus couramment utilisée aux **Antilles françaises** (Guadeloupe, Martinique), en **Guyane** et à la **Réunion**. Il est né au XVIIe siècle du mélange entre le français des colonisateurs et les différentes langues africaines parlées par les esclaves. C'est une langue à part entière, même si on peut y reconnaître des éléments du français, parfois très déformés. Il existe plusieurs variétés de créole, d'après l'endroit du globe où l'on se trouve.

Quelques exemples de cette langue, souvent très imagée :

A la Réunion, *beaucoup* se dit *in boug, un petit peu*, c' est *in' ti' dégout'* (*une petite goutte*).

Aux Antilles, *le zouc*, c'est *la fête*, donc *zouquer*, c'est *danser*.

Il ne parle pas beaucoup. → *i pa ka palé anpil.*

Il n'y en a plus. → *sa pwi fin* (*ça a pris fin*).

Je n'étais pas en train de manger. → *mwen pa té ka manjé* (*moi pas été qui a mangé*).

Bref. ... kréyol, sa pa difisil.

le patrimoine Erbe – **le gallois** walisische Sprache – **élaborer** erarbeiten – **un esclave** Sklave.

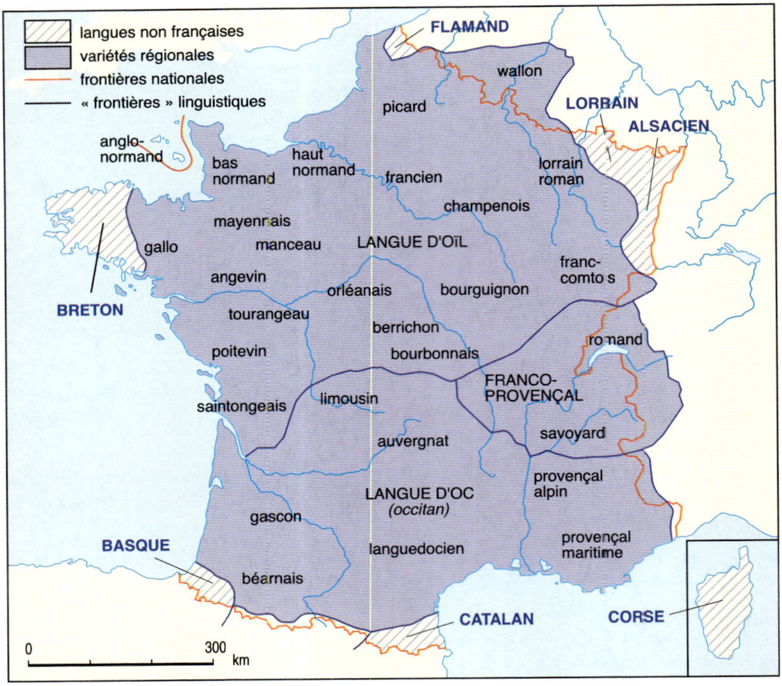

Langues non françaises parlées en France et variétés régionales du français ; d'après Henriette Walter
Le Français dans tous les sens ; Laffont ; Paris 1988.

Index

D

4/5: Klett-Perthes Verlag, Gotha; **14:** Klett-Archiv (Joachim Krüger), Stuttgart; **18.1:** APEX CARTOGRAPHIE, LESIGNY; **18:** Joachim Zwick, Ingenieurbüro für Kartographie, Gießen; **19:** Picture-Alliance (dpa), Frankfurt; **22:** Klett Archiv, Stuttgart, **24:** Eugen Münzing, Renningen; **27.1:** Sipa Press (SEL AHMET), Paris; **27.2:** Picture-Alliance (dpa), Frankfurt; **27.3:** Sipa Press (MOATTI/KLEINEFENN), Paris; **27.4:** Picture-Alliance (Okapia KG, Germany), Frankfurt; **27.5:** Sipa Press (Adenis), Paris; **30:** Hans Hinz Colorfoto; **31:**Corbis (Archivo Iconografico), Düsseldorf; **34:** Hachette Livre, Paris; **35:** AKG, Berlin; **36:** Picture-Alliance (akg-images), Frankfurt; **38:** Corbis (Austrian Archives), Düsseldorf; **40:** Aide-mémoire d´Histoire de France © Bordas, Paris; **43:** Aide-mémoire d´Histoire de France © Bordas, Paris; **44:** Histoire, Cycle Moyen © Bourrelier, France; **46:** ullstein bild (AP), Berlin; **48:** Picture-Alliance, Frankfurt; **50:** STUDIO X (Gamma), Limours; **53:** Ivo Astalos, Wüstenrot; **54:** Picture-Alliance (dpa), Frankfurt; **75:** Sipa Press (SETBOUN PHOTOS), Paris; **76:** Sipa Press (Molavi), Paris; **84:** Picture-Alliance (dpa/dpaweb), Frankfurt; **88: EDF; 101:** Sipa Press (Witt), Paris; **105:** Picture-Alliance (dpa/dpaweb), Frankfurt; **109:** Picture-Alliance (dpa/Haid), Frankfurt; **111:** Klett-Archiv, Stuttgart; **132:** Cinetext, Frankfurt; **137:** Picture-Alliance (dpa), Frankfurt; **141:** Sipa Press, Paris; **146:** Joachim Zwick, Ingenieurbüro für Kartographie, Gießen